家庭中的52个
正面管教工具

卢丹丹◎著

中国妇女出版社

图书在版编目（CIP）数据

家庭中的52个正面管教工具 / 卢丹丹著. -- 北京：中国妇女出版社，2018.1（2025. 7重印）

ISBN 978-7-5127-1518-9

Ⅰ. ①家⋯ Ⅱ. ①卢⋯ Ⅲ. ①儿童教育—家庭教育 Ⅳ. ①G782

中国版本图书馆CIP数据核字（2017）第210478号

家庭中的52个正面管教工具

作　　者： 卢丹丹　著
责任编辑： 门　莹
封面设计： 尚世视觉
责任印制： 王卫东
出版发行： 中国妇女出版社
地　　址： 北京市东城区史家胡同甲24号　　邮政编码：100010
电　　话：（010）65133160（发行部）　　65133161（邮购）
网　　址： www.womenbooks.cn
法律顾问： 北京市道可特律师事务所
经　　销： 各地新华书店
印　　刷： 北京通州皇家印刷厂
开　　本： 165 × 235　1/16
印　　张： 17.75
字　　数： 240千字
版　　次： 2018年1月第1版
印　　次： 2025年7月第8次
书　　号： ISBN 978-7-5127-1518-9
定　　价： 39.80元

POSITIVE DISCIPLINE TOOLS 推荐序

由我来推荐太太的新书，属于“王婆卖瓜，自卖自夸”。然而，这正是我多年来最熟练的“业务”，从最早的QQ空间、新浪博客、育儿期刊，一直到她几本著作的面世，我都是第一个阅读她的文字、推荐她的文章、查看她的点赞数，再美滋滋地欣赏她的成就的人。

我们的爱情，就源于欣赏。我俩算是青梅竹马，从小她就是我父母口中“别人家的孩子”——长得好看，成绩好，擅长运动，人美、字美、文美。而我则相反，字写得一塌糊涂，作文超不过60分。父母的教诲没能让我上进，却培养了我的爱“美”之心，激励着我常去她家串门，既抄袭作文，又欣赏美女。

最终，凭借对理科的热爱与天赋，我才得以在学业上顺风顺水。2007年，我在瑞典读理论化学博士期间，向她求婚。当时的我一无所有，除了天下第一的盲目乐观：“我现在什么都没有，但将来我会努力得到很多。”

“可我们现在什么也不缺啊！”

“你怎么那么相信我？”

“我旺夫！”

好吧，她才是天下第一的盲目乐观。

后来，在我们碰到生活的难题时，她常跟我说：“我们俩都这么聪明能干，一切会越来越好的。”她的这份淡定与信心，以及永远正面积极的心态，在艰难的日子里，让我一回到家总能感受到满满的正能量，让我变得无所顾忌，一往无前。

因为海外求学，我曾辗转几地，旅居瑞典、意大利、美国。尤其是在美国期间，我为了科研疯狂投入，太太在家里做全职妈妈。她说，既然天天“坐家”，就顺便当个“作家”吧。在一年多的时间里，她坚持每天写一篇文章。很快，她的笔名“加州魔豆”成了新浪名博博主，首页“头条推荐”经常会有她的文字，其中一篇“我们能拥有孩子多少年”被网友做成多种版本的ppt和视频大量转发。这些文章最后被整合成册，成为她的第一本书。

5年前，我们回国定居，我到大学当教授，她也开始了更为广阔的个人事业。5年来，她发表了大量的育儿文章，还写出一本育儿畅销书《规矩的背后是自由》。她的文章被刊登在很多知名报刊上，比如《环球时报》《青年文摘》，甚至还出现在初中语文练习册里。她成为亲子畅销书作家，而我也成为著名的“卢丹丹的先生”。在一个曾经举目无亲的陌生城市，她从无到有，开办了30多期正面管教家长课堂。她的学员包括成名数十年的电台金牌主播，风生水起的精英培训师、咨询师，集美丽和智慧于一身的花旦主持人，气场强大的富豪老总，中小学的全国特级教师……每一位，都在她的课堂上收获满满。

有一次，太太举办正面管教学员年会，有人问她：“你到底有什么绝技，可以把两个孩子带好，把家庭经营好，还能有时间开设家长课堂，同时还那么高产量地写作？”她的回答很简单：“目标明确，知道自己想要什么，做最重要的事，和重要的人在一起，不在不重要的人与事上消耗能量。”

这几句话看似简单，但每一条都蕴含着生活的智慧。这几年，太太一直是这样践行的。有一年在美国，我忙着申请项目，几乎一个月没有在晚饭前回过家，她带着老大，怀着老二，自己还患上了感冒，在这种情况下，她硬是撑过了这一个月。我感谢她，她笑着说：“夫妻俩是患难与共的伴侣，一个人在前面闯时，需要另一个人在后面支撑。现阶段你最重要的是事业，而我最重要的是家庭。”所以，她做了4年的全职妈妈。

后来开始工作后，太太也一直把家庭和孩子放在最为重要的位置，让我没有后顾之忧。她的家长课堂有了一定的名气后，有企业想以参股的方式邀请她合作，还有团队愿意帮她运营，但是她都拒绝了。她说，我目前最重要的还是家庭，做一个独立讲师，我可以有更多的时间陪伴孩子。

从事正面管教的这些年，我看到太太一边学习、讲授、传播正面管教理念，一边在生活中不断践行，让生活受益于工作，也让工作受益于生活。

为了更好地养育孩子，也为了自己成长，她组织妈妈读书会和孩子读书会，妈妈和孩子一起阅读，大家在极有质量的亲子阅读中收获动人的文字、有益的思想和投缘的朋友。

孩子迷上电子游戏，她带着孩子设计游戏场景。在家里，我和太太是僵尸，孩子是植物，我们用枕头和沙包开展植物大战僵尸；在公园，我们上演神庙大逃亡、天天酷跑、超级玛莉；在旅途中，我和太太做编剧，为孩子玩过的游戏、学过的成语、喜欢的电影编属于自己的故事……

太太擅长鼓励孩子，当孩子因为遭遇挫折而无理取闹时，她能够很快冷静下来，蹲下来去接纳孩子的情绪，发现他们的闪光点，鼓励他们所做出的努力。

太太也擅长鼓励我，在她的推动下，我担任了4年的少年班学院的班主任。在一开始，我对这项工作是拒绝的，是她给了我极大的鼓励，才让我有勇气接下这项挑战。她要求我每晚给孩子讲故事，以锻炼我的口才；让我到幼儿园给孩子上课，然后告诉我，连最难带的幼儿园小朋友都能搞定，带本科生一定没问题；我还常年“蹭”她的课，学习阿德勒个体心理学、鼓励咨询、正面管教，这些知识储备为我后来担任少年班班主任提供了非常有益的帮助。

如今，我家老大豆豆即将进入青春期，开始为未来感到迷茫，开始出现叛逆的端倪。太太也适时开始探索青春期孩子的教养问题，她去心理研究所找导师，去拜访大孩子的家长，也去接触更多的青少年。感谢这4年少年班学院班主任的经历，让我能够从不同的角度与太太一起切磋孩子的教养问题。

这本书的产生，我看到了太太坚持不懈的努力。作为她的第一个读者，我是幸运的。书上每一件事情对于我来说都是那么真实，每个事例都能让我想起我们因为孩子遇到挑战时的焦躁不安、寻求对策时的苦苦追寻以及最终的如释重负。

我想，这也正是本书想要传达的观念。在育儿路上，我们并非孤独前行，其实众多难题都似曾相识，让我们安下心来，静静地阅读和思考，收获更多的办法和工具，拥有温柔与坚定的内心，学会爱孩子，给予孩子更为广阔的天空。

江　俊

中科大教授、博士生导师

中科大少年班班主任

2017年7月

POSITIVE DISCIPLINE TOOLS

自序

2011年，我们全家从美国回到合肥。回国的时候正值冬天，4岁的豆豆转到先生所在大学的附属幼儿园上小班，半岁的小福坐在推车里，跟我一起风雨无阻地接送哥哥上下学。

换一个国家，换一个地方，我继续自己全职妈妈的生活，觉得一切顺理成章，理所当然。沉浸在两个娃的琐碎生活里，我没有想过未来会怎样。而先生从美国一所大学的普通研究员，摇身一变成了国内知名大学的教授，因为海外人才引进政策，还“打包”赠送了一份工作给我。这是一个大学里的正式职位，既体面又稳定，有一个所谓的“5分钟工作、生活圈”，据说外面的人就算是博士学历也很难进来。我爸爸特别高兴——女儿回国了，还在大学工作，这很符合他对我的期待。

等一切差不多稳定下来，我就去上班了。然而，上班的第一个月，我就开始思考这份工作的意义。在那时，那份看起来光鲜亮丽的工作，却是捆绑我的枷锁，不仅让我的身体不自由，更让我感到心灵不自由。“一份工作，如果它无法满足以下3个条件之一，你就可以考虑辞职了。第一，有前途；第二，有‘钱途’；第三，自己喜欢。”在经过短暂的纠结之后，我瞒着爸爸偷偷地辞职了。

辞职后，我并不知道要干什么，只知道我需要学习。那两年，我带着尚未断奶的小福，带着老妈，开始天南地北地到处学习正面管教课程。一年出去四五次，一次短的也要三五天，长的要十多天。一开始我学习的目的并不明确，但慢慢地我开始有目的地学习，并享受其中。

在最近的几年里，我一边进行亲子教育方面的写作，一边开设正面管教家长课堂。这两项工作相得益彰，我将课堂中的案例应用于写作，让写作更加接地气，更具有实用价值，也将写作中的思考应用于课堂，带给家长更多的启发。在课堂中，我接触了大量0～18岁孩子的家长，他们带着不同的问题走进课堂，我们一起分析、学习、头脑风暴，用集体的智慧，一点点地进步，最终找到解决问题的方法。慢慢地，我积累了大量的课堂案例，形成了一套独特的课堂体系，在这几年中，光是学员讲义就修改和完善了十几次。我的课堂以正面管教为核心，既不失正面管教的原汁原味，又加入自己的深入思考。我将这些年的所学融会贯通，让课堂更加有深度，同时又深入浅出，真正能够帮助家长解决问题。

因为我白天要上课、备课、学习，晚上要陪孩子，因此我常常把写作的时间放在清晨。我最近几年一直保持晚上9点半入睡，早上4点半起床的作息规律。我常常看着天空从黑暗变为微微泛白，世界从沉寂到慢慢苏醒。那个时候，我安静地和自己待在一起，感觉世界那么大，人生拥有一切可能。每天早晨的3个小时，是我一天中能量最大的时候。我常说，一天刚刚开始，我就完成了一大半的工作量，这是多么幸福、勤勉的生活。就这样，每天迈出一小步，不知不觉中，我年复一年地把写作和上课坚持了下来。

有一天，我发现，我把写作和上课这两件事情都做到了大家认可的专业水准，很多人从天南海北来到合肥参加我的家长课堂，我的很多文章也得到了广大读者的肯定和推广。大家希望我把这两件工作进行整理和融合，学员朋友们希望有一本更详细的教材来支持他们的学习，没法来参加课程的读者朋友也希望有这样一本书——有理论学习，有案例分享，有工具运用，并且逻辑清晰，读起来轻松易懂，可以系统地了解正面管教。

于是，就有了这本书的面世。本书的内容设计跟我正面管教课堂的思路基本一致，这样一方面能够更好地帮助上过课的家长进行学习与提高；另一方面，对于没有上过课的家长，整本书8个章节读下来，也会得到一种自我学习的思路。本书涵盖了正面管教中关于情绪管理、亲子沟通、解决问题、有效鼓励、了解孩子的行为等问题的方方面面。每一个主题都经过精准优选，是家长们最感兴趣，也最为之困扰的问题。同时，这本书继续沿袭我“从生活细节中入手，情感自然流露，故事娓娓道来”的写作风格，相信你会得到轻松愉快又引发思考的阅读体验。本书不是帮助你解决某一个具体的问题，而是让你在碰到所有问题时都有所启发。

在每篇文章的最后，都有一个正面管教的工具或观点。工具是总结文章中用到的方法，以帮助父母在生活中更好地实践和运用；观点则是文章的补充、支撑和提升，以帮助父母更好地理解文章所传达的观点。在整本书中，有的工具可能包含在其他工具中，因为很多时候，不是一个工具就能够解决问题，而是需要同时用到多个工具和方法。所以，从目录上看，全书似乎不够52个正面管教工具，但实际算下来，工具的数量不止52个。

当然，这本书还有很多不足之处。有段时间，在编辑催稿的情况下，我仍把它搁置一旁，不愿去动它，因为自己不够满意。书稿完成的过程，也是我的勇气不断滋生的过程。正面管教的理论基础是阿德勒的个体心理学，个体心理学是一门关于勇气的学科。它让我们不怕犯错，把错误当成学习的机会，也让我们不害怕被讨厌，拥有不完美的勇气。所以，最终我放下所有的顾虑，一遍又一遍地打磨书稿，希望最终呈现上来的，是一个还不错的作品。

我经常跟学员朋友们说，通过学习正面管教，我们不仅懂得很多养育孩子的方法和理念，让每一次学习都变成新的开始，还要带着这份觉知在生活中去践行，无论是养育孩子，与亲人和朋友相处，还是处理与自己的关系，都能做到知行合一。很多学员跟我说，一看到你就想到正面管教，一看到正面管教就会想到你。我想，这是对一个正面管教讲师最大的鼓励与肯定——不只教别人怎么做，自己也能活出其中的理念与精神。

人生是一条漫长的路，需要我们慢慢地去成长和修行。每个人都是一路坎坷走过来，无论是工作、生活，还是养育孩子，相信我们都有过很多不为人知的挣扎。但是回过头来看，这些会成为我们生命中璀璨的明珠，照亮未来前行的路。

最后，由衷地感谢我的学员、读者、家人和朋友给予我的支持与鼓励；感谢我的两个孩子给了我第二次成长的机会，让我的生命如此充盈；感谢自己这些年一直没有放弃，所以才变成了更好的自己。

未来的路，愿我们继续相伴前行！

在本书写作过程中，以下著作对我产生了很大的影响：《正面管教》（〔美〕简·尼尔森 著，玉冰 译）、《做你自己的心理治疗师》（〔美〕琳·洛特 芭芭拉·曼登霍尔 著，花莹莹 译）、《由内而外的教养》（〔美〕丹尼尔·西格尔 玛丽·哈策尔 著，李昂 译）、《少有人走的路》（〔美〕M.斯科特·派克 著，于海生 严冬冬 译）、《被讨厌的勇气》（〔日〕岸见一郎 古贺史健 著，渠海霞 译）、《自卑与超越》（〔奥地利〕阿弗雷德·阿 著）等，在此一并表示感谢！

卢丹丹

2017年7月

POSITIVE DISCIPLINE
TOOLS
目录

CHAPTER 01

情绪管理，是值得一生学习的功课

所谓情绪管理，其实不仅仅是一种方法，更多的是一种唤醒，唤醒我们从不同的角度去了解情绪，从内心去接纳自己，进而改变自己。当我们知道情绪的源头是自己，就会做出更多的内省与改变，而不是向外索取。

正面管教工具（观点）

- 注满自己的爱之杯
- 手掌大脑
- 压力来源于期待与现实之间的差距
- 细小步骤
- 有效运用感受
- 积极暂停

CHAPTER 02

亲子沟通，从无条件积极关注开始

对孩子受伤的情感来说，父母的理解是治愈的良药。当孩子被理解时，他们的孤独和伤痛就会减少，对父母的爱就会更深。当他们感觉到深深的接纳与爱时，就更倾向于合作而非对抗，这时再来解决问题，就变得轻松很多。

正面管教工具（观点）

- 倾听
- 信任
- 决定你将做什么
- 认同感受
- 非语言信号
- 近距离倾听

CHAPTER 03

了解行为，看见孩子行为背后的需求

我们对自己和孩子的行为了解得越多，与孩子沟通的方式就会越有效。一个良好的开端，就是走进孩子的内心世界，对孩子因为感觉不到归属感和价值感的失望行为有更多的了解。家长应该明白，如果真的存在问题，了解原因，才能真正地对症下药。

正面管教工具（观点）

- 惩罚造成的4个后果
- 解读私人逻辑
- 给予关注
- 破解密码
- 赢得合作的4个步骤

CHAPTER 04

认识错误，错误意味着机会而不是失败

打击与批评只会让孩子把注意力转移到如何承受与逃避惩罚和责难上去，而父母的理解、支持与帮助，却能让孩子感受被原谅的放松，从而能够专注于错误本身，学习到解决问题的方法。

正面管教工具（观点）

- 修复错误的4个“R”
- 事情在变好之前，可能会更糟糕
- 先连接，再纠正
- 认识错误
- 赋予孩子自主权

CHAPTER 05

放眼未来，关注于解决问题

用关注于长期效果的方式去讲规则，给予孩子权利，让他独自做出选择和决定，给予孩子尝试和犯错的机会，让他在尝试中感受事情的真正乐趣，在错误中得到真正的体验和学习。这样，孩子的内心就会获得无限自由，就会接受这个世界的不一样，并坚持用自认为正确的方式去做事情。

正面管教工具（观点）

- 避免回击孩子的顶嘴
- 感觉好，才能做得好
- 花时间训练
- 游戏是亲子沟通的“双向翻译机”
- 关注于解决问题
- 致谢，感恩

CHAPTER
06 舍得放手，让孩子自由成长

父母要想让孩子尽快适应新的环境或新的生活方式，最好的办法是带着爱放手，只有让孩子从内心把这件事当成自己的事，他才会有动力和责任去把事情做好。

正面管教工具（观点）

- 家务活儿
- 零花钱
- 提前告知
- 有限的选择
- 惯例表
- 教孩子学会时间管理
- 教孩子该做什么
- 放下

CHAPTER 07 正确鼓励，让孩子在鼓励中健康成长

真正的爱，是无条件地接纳孩子，是睁大眼睛去关注孩子的优点；不是用嘴，而是用心去看见孩子、发现孩子；即使在糟糕的情况下，也能找到孩子值得鼓励的地方。这对于孩子的一生，是多么大的幸运与幸福。

正面管教工具（观点）

- 用鼓励代替激励
- 睁大眼睛去关注孩子的优点
- 鼓励与表扬的区别
- 用行动支持和鼓励孩子
- 鼓励

CHAPTER
08 停止操劳，给孩子有质量的陪伴

不追求把事情做得完美，不做让自己心力交瘁的事，不把时间浪费在没有意义的操劳上，而是用一种最舒适的状态，跟孩子待在一起。因为对于孩子来说，父母自己就是最好的礼物。

正面管教工具（观点）

- 启发式提问
- 幽默感
- 特殊时光
- 同等对待
- 确保把爱的信息传递给孩子
- 约定
- 控制你自己的行为

CHAPTER 01

情绪管理，是值得一生学习的功课

所谓情绪管理，其实不仅仅是一种方法，更多的是一种唤醒，唤醒我们从不同的角度去了解情绪，从内心去接纳自己，进而改变自己。当我们知道情绪的源头是自己，就会做出更多的内省与改变，而不是向外索取。

几乎所有的父母都疼爱孩子，希望能够给孩子一个幸福快乐的童年，可是在处理与孩子的关系时，却常常感到困扰。我们可能会说："我并不想对孩子大吼大叫，但他们真的惹到我了，我非常生气，完全没法控制自己！"确实，有时孩子会一次又一次地触犯父母的底线，父母在前面几分钟还是很努力、很有耐心地在沟通，最后却功亏一篑，因为我们没想到孩子会那么"肆无忌惮"。

我们会感到无比沮丧与无助，努力想控制好情绪，希望做一个不吼不叫的好家长。可是，情绪有时会利用我们，会反过来控制我们。当我们被情绪牵着走的时候，会感到一种无形的压力。这种压力与那些没有解决的问题一起向你袭来，如同一股无形却有力的风，让你的思维变得不清晰，让你和孩子之间的情感维系减弱，这时我们就会变得情绪激烈、行为冲动、反应僵硬和重复，并且缺乏自省能力，也不会去考虑孩子的感受。这种情况被称为"低模式进程"。

进入低模式进程后，人很容易失控。在失控状态下，我们会被恐惧、悲伤或愤怒等情绪所淹没，这些强烈的情绪让我们无法进行周密的思考，而是采取下意识的反应：大声命令、指责、打骂、惩罚孩子……以往那些充满温存的关系与沟通方式将不复存在。

没有人喜欢失控状态下的自己，以及在这种状态下发生的行为。但是，我们常常是在毫无征兆的情况下陷入情绪失控的循环中。我们不想这样，孩子也感到困惑不解，他的举动更加不尽如人意。最终，我们对自己和孩子都不满意。

而有所意识和觉察，是情绪管理的开始。

01

你那么生气，真的是孩子错了吗

在我从事家长培训的几年里，我的学员和读者朋友常常问我：我看了很多书，听了很多讲座，我花钱和时间去参加系统的学习，我自认为在养育孩子的路上是一个很用心和爱学习的妈妈，但我却管理不好自己的情绪，当我情绪失控的时候，我学到的东西一点儿也派不上用场。

很多人的状态，就像电影《后会无期》里的一句台词：我懂得很多人生的道理，但仍然过不好这一生。因为情绪就像一个最熟悉的陌生人，总是在不经意的时候将你狠狠一击，让原本自信满满的你，开始怀疑与否定自己。

很多父母在与孩子互动的过程中，大部分时间都是心态平和的，但如果孩子持续带来挑战，父母那些好不容易堆积起来的耐心、毅力、爱就会瞬间崩塌——父母的情绪失控了，他们在商场里对到处乱跑的孩子大声呵斥；他们把吃饭吃得满身都是饭粒的孩子狠狠地从椅子上抱下来，让他看看地上有多脏；他们被不收拾玩具的孩子折磨得火冒三丈，最后把玩具统统丢进垃圾桶……

当父母的情绪平复下来，回想自己之前的行为，他们简直不敢相信那个人就是他们自己。为什么会这样？是因为惹父母生气、让父母烦躁甚至厌恶的孩子做错了吗，还是因为父母的心太累了？在这个上有老、下有小的年纪，好强的他们想凭自己的努力抓住人生所有的幸福，却经常在工作与生活中失去平衡，患得患失。

要知道，孩子在商场乱跑，只因为他还是个孩子，当你为琳琅满目的商品流连忘返的时候，他看到的不过是一条条大人的腿和半截的柜子、架子，商场对于他来说或许是一个捉迷藏的好地方。孩子吃饭吃得到处都是，只因为他吃饭的技能还不够熟练，他并不是故意想给大人制造麻烦。孩子不收拾玩具，只因为他通过观察发现：就算不收拾玩具，我照样可以吃饭，因为大人事先没有给他设立明确的规则。

如果在这些时候，大人处于一种很放松的状态，就会有足够的耐心，给予孩子无条件的积极关注，那么这些问题就不再是问题。但当大人处于一种有压力的状态时，孩子的这些行为，就像往一杯装满墨水的瓶子里丢入一个石子，水花四溅，瞬间周围变得一片狼藉。这四溅的水花，就是我们一发不可收拾的情绪，让我们恨不得把一切都毁灭。

很多父母的心里装满了琐事、压力、烦恼，再也承受不起一点点的意外与不如意。这个时候，情绪的开关一下子就被打开了，在这样的负面情绪下，可怕的负面行为就会接踵而来。

当我们知道了这一点，就会明白，当下父母应该管理的不是情绪，而是我们自己。**把自己照顾好，让自己情绪的“杯子”里还有足够的空间去承受那些不期而至的挑战与困难，这才是最重要的。当“杯子”里的水不溢出来，情绪就不会失控。**

所以，父母要学会平衡工作与生活，要做到张弛有度。在忙碌的工作过后，可以在无拘无束的环境里放松一下，补充能量。要学会平衡家人与自己的时间，在照顾好家人的同时，也不要牺牲自己。而事实上，牺牲自己换取家人幸福的人太多了，其实这样的照顾对家人来说并不是一种好的照顾。

当你觉得自己怎么也管理不好情绪，并因此教育不好孩子时，请先停下来想一想：你之所以那么生气，真的是因为孩子做错了吗？还是因为你自己太累了？**如果你觉得自己一直处于疲惫、紧绷的状态，不妨先停下来，好好休息与调整一下。**

所谓情绪管理，其实不仅仅是一种方法，更多的是一种唤醒，唤醒我们从不同的角度去了解情绪，从内心去接纳自己，进而改变自己。当我们知道情绪的源头是自己，就会做出更多的内省与改变，而不是向外索取。

正面管教观点

注满自己的爱之杯

我们每个人内在都有一个杯子，这个杯子盛装着一切美好的感觉和对爱的需求。当杯子是满的时候，我们会感觉到非常快乐、富有耐心，会以身作则地影响孩子，并关注孩子的长期教育效果。同时，我们也会觉得很有自信，对家人和孩子都充满了感恩。这是我们无论作为家长、朋友，都想拥有的感觉。

当杯子是空的时候，我们感觉不到爱，就会失去耐心，也不会去关注孩子的长期教育效果。同时，我们对自己和别人都失去信心，认为别人是在故意刁难自己，与自己作对，此时我们的情绪一触即发。

我们想尽一切办法把最好的爱给孩子和家人，也希望能够尽自己的力量去帮助身边的同事和朋友，但在这个过程中，如果我们处于紧绷与疲惫的状态，那么当别人需要我们的爱时，我们自己的杯子就是空的，无法把爱倒出去。比如，某一个早晨，你早起一个小时，给全家人做好了早餐，之后你筋疲力尽，这时孩子发现前一天晚上忘了写作业，他手忙脚乱地开始写作业，顾不上吃你精心准备的早餐。本来很累的你一下子爆发了，你对孩子发脾气，本来很着急的孩子感到非常委屈，他在心里恨你，觉得你是一个无情的妈妈。爱在你们之间停止了流动。

如果当时你的爱之杯是满的，你在前一晚睡得很早，早上起床之后，你把早已准备好的面包用模具压成心形，然后放在牛奶鸡蛋液里泡一泡，煎成金黄色，摆在盘子里，再在盘子周围摆上几样坚果和水果。只花10分钟，你就做成一顿营养丰富的早餐。这时，孩子发现忘了写作业，你并不生气，而是给他提供力所能及的帮助。在孩子出门的时候，你把面包放进塑料袋里，让孩子拿着路上吃。孩子感激你的宽容与爱，他跟你说，以后再也不会发生忘记写作业这样的事情了。

没有人想去伤害自己所爱的人，但很多时候，我们想倾尽所有把事情做到最好，从而让我们的爱之杯空空如也，这样反而伤害了我们爱的人，也伤害了自己。

照顾好自己，才能更好地照顾家人；先宠爱自己，才会拥有爱别人的能力；注满我们的爱之杯，爱才会在我们和孩子、家人、朋友之间流淌。

02

儿时的问题，可能是你情绪失控的导火索

不知道你的记忆里是否还记得这样的场景：你带3岁半的孩子在公园里玩，看着孩子在滑梯上高兴地爬上滑下，站在一旁的你感到无比开心与欣慰。你跟一起来的朋友一边照看孩子，一边愉快地聊天，觉得现世安稳，岁月静好，养育孩子是一件很享受的事情。

孩子偶尔朝你的方向看几眼，时不时挑战一下高难度，他不走楼梯，而是通过高高的攀登架爬到顶部，你的心跟着紧张一下，但很快就看见他站在滑梯的顶端，自豪地向你挥手，你对着他微笑，伸出大拇指给他鼓励。

过了一会儿，你想起一个小时后有件很重要的事情要做，于是你开始叫孩子回家。一开始，你很有耐心，因为你还有时间。随着时间越来越紧，孩子装作听不见你的话，你开始抓狂了。当他再次爬到滑梯顶端向你挥手时，你非常生气，脸色大变，冲着他大喊："你快点儿给我下来！"

孩子的脸一下子僵住了，他迅速地滑下滑梯，爬进小隧道里躲起来，任你怎么叫他都没反应。你不得不爬进隧道，拽着他的胳膊往外拖。孩子一边后退，一边说“你是个坏妈妈”。你更加生气了，你的声音和表情都变了，你完全不理会孩子的挣扎与哭叫。最终，你拉着孩子从小隧道里出来了，你对着孩子大吼大叫，指责他怎么那么不听话，威胁他下次再也不带他来玩了。孩子委屈地站在那里哭泣，你觉得还没过瘾，继续拽着孩子往家走，嘴里还喋喋不休。

整个过程中，孩子觉得很委屈、很困惑。因为他不明白，妈妈怎么突然生气了。对于孩子来说，多玩一会儿没什么大不了的。他根本不知道妈妈心里很着急，不知道妈妈那件“重要的事情”到底有多重要。因为妈妈没有告诉他，只是在莫名其妙地突然冲他发脾气。

事情过后，你为自己的行为感到后悔，不明白为什么每次一点儿小事就会激怒你。事实上，激怒你的真的是“孩子不愿意回家”这件小事吗？还是过去那些未被妥善处理的问题、未被满足的需求激怒了你？

未被妥善处理的问题，可能是小时候你的父母没有能力满足你的需求，有时你反而需要照顾他们的情绪而放弃你自己的需求，你感觉不到父母的关爱，也没法安慰自己，只能任由这种情绪一直伴随着你。而现在，你被激怒了，因为你的孩子没有因为你的需求而放弃他自己想做的事情。你想起自己小时候也曾被父母这样对待过。

未被妥善处理的问题，也可能是小时候你因为迟到被老师在全班同学面前羞辱，在内心深处，你觉得迟到是一件不安全、不能被原谅的事情，它可能会带来很多未知的后果。所以，孩子的磨蹭拖拉，不仅让你感到生气和烦躁，更让你感到恐慌，你害怕一个小时后如果没有赶回去，事情会变得很糟糕。所以，你才会突然爆发。

一个朋友曾跟我说，白天她都能和孩子很好地相处，她会耐心地蹲在地上打扫孩子打翻的饭菜，一遍又一遍地回答孩子的同一个问题，甚至允许孩子用画笔在她脸上乱画。可是一到晚上孩子睡觉时，她的情绪就爆发了，一旦孩子没有按照她的要求按时睡觉，她就会觉得特别抓狂。

她问我："是因为白天我把耐心都用光了吗？"

我问她："当时你的感受是什么？"

她回答："沮丧，无比地沮丧，觉得自己好没用。"

我又问："你自己睡得好不好？"

她说："不好，从小我的睡眠就特别不好。"

她告诉我，小时候，她家住在学校的教师宿舍里，她的父母等她睡着后会去同事家打牌，剩下六七岁的她和一岁多的弟弟在家。有时，弟弟半夜会醒来，她就得起来哄他，可是弟弟要找爸爸妈妈，怎么也哄不好，她只好抱着弟弟，在门口绝望地大叫"爸爸妈妈"，可是很多时候，父母根本听不见。她只好带着弟弟又回到屋里，继续哄他睡觉。

这段经历对朋友来说是一段很恐惧的经历，她每天睡觉前都担心爸爸妈妈又会出去，担心半夜弟弟又会醒来，担心自己哄不好弟弟。现在她自己做了妈妈，当她发现自己没法哄孩子按时睡觉时，儿时那些经历再次浮现出来，让她感觉害怕、沮丧，孤立无援。所以，在哄孩子睡觉时，她会突然情绪失控，幼小的孩子手足无措，受妈妈情绪的影响，更加睡不着。

当朋友意识到原来激怒她的并不是孩子不睡觉的行为，而是她童年时未被妥善处理的问题，她一下子释然了很多。她告诉自己："我已经不是那个六七岁的小女孩了，我现在有能力照顾好我的孩子睡觉，那时哄弟弟睡觉并不是我的责任，是爸爸妈妈的事情。现在就算我的孩子很难入睡，他也有爸爸妈妈陪着，并不会觉得孤单和害怕。"

后来，孩子睡觉的事情不再困扰她，带孩子睡觉的时候，她不再处于情绪失控的状态，而是能够冷静、理智地去应对。孩子还是那个孩子，只是因为妈妈的心态变了，从那个6岁的小女孩，变成一个有能力应对孩子睡觉问题的妈妈，问题就这样得到了解决。

每个人在儿时都做着一系列的决定，这些决定构成了我们的“核心信念”和“私人逻辑”。**塑造我们性格的，并不是发生在我们生活中的事情，而是我们对于那些事情和环境所做出的有意识或无意识的决定。**如同上文所说的那位朋友，在当妈妈后，她认为自己在照顾孩子睡觉这件事情上是无能为力的，而事实上，这个决定是她在6岁哄不好弟弟睡觉时做出的，但一直伴随着她长大，直到成年。

这就好比你开车出去兜风，握着方向盘的是那个6岁的孩子。这个孩子生活于你的内在，在你有压力或不安的时候，就会跳出来掌控你的生活，影响你的情绪。

我的小儿子小福在5岁左右时变得很有攻击性，当他的要求没有得到满足时，他就会用打人的方式来发泄情绪。这个时候，我会蹲下来抱着他，接纳他的情绪，想办法让他冷静下来，然后再去解决问题。但是我的先生看不下去了，他突然变得很生气，用力把小福拉开，大声对他说：“你怎么可以打妈妈呢？妈妈会疼的呀！你再打，我就把你关到门外去！”

看上去先生是在爱护我，可是我感觉不到一点儿爱意。相反，我向他抱怨，我原本可以处理好的事情，由于他的介入却变得更复杂了。小福被他这么一吓唬，更加生气了，他用力反抗，打不到人，就开始砸东西。

对于先生的反应，我感到很惊讶，原本性格温和的先生，为什么一遇到类似的事情就特别容易发怒？一个安静的午后，我跟先生坐在阳台上聊天，我们说起这件事情。他说：“我也知道小福只是在发泄情绪，小孩子学习情绪管理，不是几天就可以学会的，我自己到现在都还没有学会呢。

但是一看到他打你，我心里就特别抓狂。”

我问：“是不是你觉得孩子是不能打妈妈的？”

他毫不犹豫地回答：“那当然！那是大大的不孝，这么小就这样，长大以后怎么办！”

我说：“你闭上眼睛，能想到一件与此相关的事情吗？第一件浮出你脑海的事情就可以。”

他想了一会儿，告诉我：“小时候，我跟爸爸下象棋，眼看我就要输了，于是我要求悔棋，但是爸爸怎么也不同意，还笑话我。我非常生气，挥舞着拳头，对他大叫：‘就要重来，必须重来！’结果他一生气，把象棋一股脑儿倒进煤球炉里烧了，还把我打了一顿。”

那个年代的父母，大多数是权威的象征。他们教育孩子要孝顺父母，要听父母的话，不要跟父母对着干。先生的这一举动，显然触犯了公公作为一个父亲的权威，因此他得到了相应的教训。那时，或许他心里就形成一个信念：孩子是不能打父母的，否则就会得到教训。

当先生自己成为父亲，看到孩子打妈妈时，儿时的记忆被唤醒了。他非常生气，让他生气的其实不是孩子打妈妈的行为，而是儿时那件事情带给他的不公平感：爸爸是大人，让一下小孩有什么不可以？有必要生气到把棋子烧掉，把我打一顿的程度吗？可是，那时的自己是那么无能为力，只能相信“孩子不能打父母”，并把它当作自己的信念，伴随自己长大。

先生听我分析完，大吁一口气说：“你的心理学学得越来越邪门了，还真是那么回事。”

至此，先生在对待孩子打妈妈这件事情上豁然开朗了。小福因为我们的接纳与榜样的力量，也慢慢学会表达他的情绪。后来，先生找公公聊起下棋那件事，说了自己的感受，公公听完后站起来，一边走，一边说：

“所以啊，你不要学我的坏脾气！”狠狠地将了他一军。

有所觉察是改变的开始。如果你的情绪总是被卡在某个点，总是在某处一触即发，你就可以把关注点从事情本身转移到自己身上。看看你是不是有一些遗留的问题并未得到处理，从而影响了你现在的决定。**反思问题的源头，可以增进自我了解，并帮助你尽可能地降低情绪失控的可能性。事实上，当我们向内看，而不是向外指责时，就已经迈出成功的一步了。**

正面管教工具

手掌大脑

美国心理学家与脑科学家丹尼尔·西格尔，在研究大脑的结构和思维的产生过程中建立了一个拳头模型，它能够帮助我们更好地了解从情绪失控到可控过程中，大脑是如何运作，以在大脑内部、身体和社会环境中达到平衡的。

伸开一只手，往手心方向弯曲大拇指，再把其他手指覆盖在拇指上，就可以得到一个与大脑结构基本相似的模型。这个模型被称为“手掌大脑”。

如果把手指翻开，露出蜷曲在掌中的拇指，你就像看到了大脑模型的边缘组织。边缘组织非常重要，它负责调动情绪，影响着大脑的一切活动。它也被称作“原始脑”或“动物脑”，因为它掌管着人的一切动物本能：饿了想吃，困了想睡，渴了想喝水，受到攻击会逃跑或还击，生气了会发脾气、打人、摔东西……做出一切本能反应。

覆盖拇指的4根手指对应的是大脑皮层。大脑皮层位于大脑顶部，它负责的是最高级的大脑功能，比如逻辑分析、形势判断、人际交往等抽象思维，我们称它为“理智脑”。当它覆盖住拇指的时候，就是理智脑在起主导作用。当它翻开时，就如同打开了大脑盖子，这时原始脑就会发生作用。

在情绪爆发的那一刻，就是“啪”的一下打开了大脑盖子。这时，我们的动物本能开始显现，会做出一系列失去理智的行为。

“手掌大脑”给出一个情绪从失控到可控状态非常直观的模型。这个模型并不是要求我们以后不能打开大脑盖子，这是不可能的，所有人的盖子都会时不时地打开。**它给我们的启示是，对于眼前发生的事情，意识比行动更快。**因此在很多时候，我们情绪失控，完成“全套动作”后才醒悟过来：刚刚我错了，我不该对孩子发那么大脾气。

了解手掌大脑，能够帮助我们更快地意识到“我的盖子打开了，我要尽快关上”。而有所意识与觉察，就是情绪管理的开始。

03

不完美的勇气：接纳不完美的自己

我们每时每刻都在经历情绪，它让我们哭，也让我们笑。许多人为情绪所困，在一些极端的案例中，情绪的失控还可能给自己和他人带来生命的威胁。

跟从不理会情绪的人一样，很多天天把情绪挂在嘴边的人，也常常管理不好自己的情绪。这不是因为他们不在意情绪，相反是因为他们太在意了。因此，一方面，他们会放大自己的情绪；另一方面，他们又过度追求完美，不允许自己犯一点儿错。在成为父母后，他们更是如此，表现得小心翼翼，如履薄冰，生怕自己的情绪带给孩子不好的影响。

然而，越是无法接纳自己，就越无法管理好情绪。人非圣贤，每个人都有情绪，情绪伴随着每个人、每件事、每个瞬间。**只有接纳自己是一个有情绪的人，你才能轻松面对自己的情绪。**

曾经有一位家长跟我说：“我用尽全力爱我的孩子，想让童年时父母带给我的伤害不再发生在我的孩子身上。可是，当我情绪失控的时候，我发现，我对待孩子的方式竟然就是小时候我深恶痛绝的父母对待我的方式。当我对幼小的孩子说出那个‘滚’字的时候，我简直不敢相信这是我说的。之后的很多天，我都陷入一种自责和内疚的情绪里，觉得对不起孩子，也痛恨自己。”

在这位家长看来，自己的父母是不被他接纳的，父母对待他的方式过于简单粗暴，给他的童年带来了阴影。他也不接纳自己，觉得自己是一个残缺的人，曾经受到了不公平的待遇，有一些问题没有得到解决，无论怎样都没法做到完美。为人父母后，他把自己放在一个高高在上的位置上，觉得父母在孩子心目中的形象必须是完美的，这样才能保持父母的威严。于是，他努力想在孩子面前树立这样一个形象。然而，情绪总是悄无声息地到来，在一瞬间就让他用尽千辛万苦建立起的形象轰然倒塌，并且周而复始，进入一个恶性循环。

我自己曾经也是如此。有一段时间，我怀疑自己不能做一个好老师和一个好妈妈。我给很多家长上课，教他们用不惩罚、不骄纵的方式养育孩子，教他们情绪管理和有效沟通的方法。但是，我一不顺心就会对孩子大喊大叫。冷静下来后，我感到特别沮丧。我给我的导师打电话，倒完一肚子苦水后，我说：“我觉得自己不能胜任这份工作，我没法做下去了，我自己都做不好，怎么能教别人呢？”

导师听完后，问我：“你觉得我能胜任我的工作吗？”

我回答：“您当然可以，您潜心研究儿童心理学40多年，是这个领域的泰斗！”

导师说：“如果我告诉你我前几天还跟小孙子发了一顿脾气，你信不信？”

我回答：“不信，我想象不出您发脾气的样子，您这么优雅的一位老太太，也会发脾气吗？”

导师在电话里笑了："我不是圣人，我也有情绪。你要记住，我们要拥有不完美的勇气，才能继续行走在通向完美的路上。如果你过于追求完美，就像现在这样，反而很容易就放弃成为更好的自己。情绪也是如此，如果你总是想着自己不能发脾气，你的脾气反而会越来越坏。"

听完导师的话，我的心里释然很多。其实大部分时候，我都是这样教育两个孩子的，我能原谅他们所有的过错，并告诉他们：没关系，人都是不完美的，犯错是很正常的，我们要做的不是追究责任，而是看看有没有什么办法来解决问题。

跟导师通完电话后不久，我又忍不住对孩子发脾气了。发完脾气，我坐在沙发上一言不发，内心有些沮丧。孩子走过来，跟我说："妈妈，你是不是感觉不好，你需要一个拥抱吗？"我很诧异。以前我在发脾气的时候，向孩子请求过拥抱，没想到他学会了用这样的方式来安慰我。我张开怀抱，他抱着我，对我说："妈妈，没关系，人都不是完美的，我知道你当时很生气，你不是故意要这样对我的。妈妈，我们一起来想想怎么解决这个问题。"

孩子对我说的话，跟我曾经对他说的话如出一辙。我的眼泪瞬间流了下来。在孩子的眼里，我是一个好妈妈，只是因为接纳不了自己，所以才怀疑自己。孩子也在用他的智慧告诉我：父母也是不完美的，也可以有自己的情绪，也可以发脾气。

因为接纳了自己的不完美，所以我才会放下那些纠结、内疚、担心的情绪；才会在没有压力的状态下做出改变，才会关注于解决问题，而不是纠结于自己的那些情绪；也让我愿意去认真地生活，去照顾好自己，管理好自己的情绪。

张德芬说过一句话：**我们要认真对待自己的生活，不要太把负面情绪和自己当回事。**可惜很多人的做法却完全相反：不认真对待生活，太把自己和自己的情绪当回事。

学习情绪管理，先从接纳自己、认真对待自己的生活开始。等家长学会管理好自己的情绪，不知不觉就教会孩子如何管理他们的情绪。当一家人都知道情绪是怎么回事，大家就会生活在一个快乐温暖、充满希望的环境里。这样就算碰到挑战和困难，我们也知道先冷静下来，再去想办法解决问题。

正面管教观点

压力来源于期待与现实之间的差距

每个人都生活在有压力的环境下，这种压力不仅是指我们看得见、感受得到的工作压力、精神压力，事实上，压力是一切期待与现实之间的差距。期待是指你认为生活应该是什么样子，现实是指生活实际上是什么样子。两者之间的差距越大，你的压力就越大。

很多父母之所以有那么大的压力和那么多烦恼，就是源于期望太大，与现实的距离太遥远。过多的压力与烦恼很容易导致情绪失控，父母的这些负面情绪，很可能直接发泄在孩子身上。

我有一个朋友，在大家看来，她的孩子各方面都很优秀，琴棋书画样样精通，性格安静，每次出门都是最省心的孩子。可是朋友却觉得孩子太内向，不敢跟人打招呼。她每次都要求孩子见到叔叔阿姨要大声问好，如果声音太小，就得重新来过。

但妈妈越是这样，孩子的声音反而越来越小。她问我该怎么办？我告诉她，其实你的孩子已经是一个很懂礼貌的孩子了，虽然他的声音不够大，但是他懂得点头微笑，落落大方。所以，何不降低自己的要求呢？如果孩子无法做到大声问好，那么他点头微笑不也是一种打招呼的方式吗？只要父母稍微降低一下要求，就不会有那么多烦恼，也就没有那么多负面情绪了。

朋友后来终于知道，原来在打招呼这件事上，孩子并没有错，她也不是在为孩子的缺点与不足感到生气，而是在为自己的要求而生气，是自己给自己带来了那么多烦恼。

所以，当你感到压力太大时，不妨先降低期待，然后再慢慢地抬高现实，缩短期待与现实之间的差距，随着压力减小，情绪自然也会好起来。

04

静下心来，让自己做一个学习者

在当今社会，人们总是寻求快速解决之道。我们想让磨蹭的孩子快点儿写完作业，想让平淡多年的夫妻关系有质的飞跃，想让不爱看书的自己快点儿爱上看书……我们期待生活有一些改变。

于是，我们跟孩子说，今天要解决你写作业磨蹭的事。然后，列好“一、二、三、四、五条”，要求孩子明天就正式开始执行。可是第二天，当发现孩子写作业的状态远远没有达到我们的期待时，我们又开始灰心丧气。

我们跟另一半谈心：“生活太平淡了，自从孩子出生后，我们几年没有单独出去过二人世界了。你的心思从来不在家里，每次你想出去应酬就出去了，而我呢，每天下班后还要带孩子，这太不公平了。”

我们给自己制订学习计划，计划每天在孩子睡着后看半小时书。可是等孩子睡着后，却只想躺在床上看手机，结果一看就是一个多小时，最后很累地睡去。

于是，我们觉得，改变是一件比登天还难的事。可是你有没有发现，一方面，我们想要改变的背后，其实只是一个愿景、一个期望或一个梦想，而不是具体的计划，更没有长久的毅力与耐心。换句话说，其实你并没有静下心来，真正想去做点儿什么。如果你只有一个愿景，而没有付诸行动，那么这个愿景就如同泡沫。当事情没有达到你的期望，泡沫破碎时，你就很容易陷入抱怨、指责、越来越不满意的旋涡里，无法自拔。

另一方面，有些人虽然付诸了行动，却走错了方向。例如，在很多夫妻关系里，都存在这样一种状态：婚姻里的问题都是对方的错，只要对方做出改变，我也一定会改变。于是，很多人想方设法去寻找改变对方的方法，最后却发现，不但对方没有改变，自己也活在一种受害者和无能为力的感觉当中。**但如果改变是从自己开始的，关注于通过自己的改变带给对方和彼此的成长，那么只要一开始行动，就会有奇迹发生。**

有一对已经对婚姻失去希望的夫妻，生活在对彼此的抱怨与不满中，一方面，他们总是希望对方能够早点儿回家，好帮忙做些家务、带带孩子。另一方面，他们自己又希望回家后能够安静地休息一会儿，能够不被指责、不受冷落。双方的矛盾愈演愈烈。后来妻子决定先从自己开始改变。首先，她在力所能及的情况下请了一个钟点工，帮她分担了部分家务。她发现，当她的身体不再处于疲惫状态时，丈夫晚一点儿回家对她来说不再是多么严重的事。其次，她不再通过指责的方式来要求丈夫早点儿回家，而是直接告诉丈夫她的感受和需求。尽管不是每次都成功，但是她意识到自己在进步，这让她感觉非常好。因为她看到了希望，有了希望，她就有信心把这种改变坚持下去。

这样的改变就是有效的。然而，很多人生活在幻想中，他们在尝试了一件事情之后，如果觉得不管用，就会一次又一次地重复同样的事情，却期待得到不同的后果。所以，我们经常听到这样的话："我跟你说过多少次了，你怎么就是不听呢？”事实上，是对方真的不听吗？还是自己一直在重复一种无效的模式？在这一点上，孩子比我们做得好，他们的方法是科学的。他们尝试一件事情时，如果这种方法不管用，就会去尝试别的方法。

所以，如果你真的想发生改变，就要丢掉“继续做以前不管用的事情，如果坚持足够长时间就会见效”这样的幻想。正确的方法是不断地探索和学习，在不完美中追求进步。所以，我们不妨静下心来，花点儿时间，做一个学习者。

我身边有很多家长，毕业后有了工作、家庭和孩子，达到了一种表面上的“圆满”，便放弃了自我探索与追求。他们希望有所改变，但又害怕改变，于是选择了安逸，享受生活的稳定与轻松。这本身并没有错，只是他们有很多人生的议题并没有完成，而是搁置在那里。

尤其是四十岁左右的人，特别容易往两个方向走：要么人生越来越丰富，越来越有魅力；要么视野越来越窄，与外在世界越来越隔绝。

M·斯科特·派克在《少有人走的路》中写道：

> 我们对现实的观念就像一张地图，凭借这张地图，我们同人生的地形、地貌不断妥协和谈判。地图准确无误，我们就能确定自己的位置，知道要到什么地方，怎样到达那里；地图漏洞百出，我们就会迷失方向。
>
> 大多数人到了中年，会认为地图已经绘制好，虽然有些许瑕疵，但不影响自己与自己、与他人、与世界的相处，于是他的观念就局限在那里，他的世界也局限在那里。只有极少数人能继续努力，他们不停地探索、扩大和更新自己对于世界的认识，直到生命终结。

在不断学习的过程中，我们会发现自己变得不再忍耐与逃避，不再自我否定与攻击，而是开始接纳自己，开始进行内在的自我探索。**当我们开始自我成长时，就不会再把责任推卸给他人，也不会把成长的任务转嫁到孩子身上。当我们开始自我接纳，就不再格外需要一个令人满意的爱人和孩子。当我们处理好与自己的关系后，就很容易处理好我们与他人、与世界的关系。**

一切的源头在自己，外面没有别人，只有我们自己。

正面管教工具

细小步骤

正面管教里，有一个很核心的理念，叫“Baby Step”——细小步骤，就像孩子刚学走路时一样，一小步一小步，很慢却稳步地向前走。在孩子小时候，我们愿意弯下腰来，陪着孩子小步小步慢慢地走。随着孩子慢慢长大，面对越来越多的挑战，他们还是用一贯的方式，慢慢地去感受、探索与尝试，直到找到合适的方法。然而，在这个过程中，家长却不再愿意弯下腰来耐心地陪伴与帮助孩子，而是希望他们能大踏步向前走，能大刀阔斧地解决问题。面对这些困难与家长给予的压力，很多孩子放弃了尝试，以至于连小步也不愿迈出了。

过高的标准，过严的要求，其实是违背人类自然发展规律的。**教育，就应该像小孩走路一样，一小步一小步地走，才会更加稳健，也才会让孩子持续地向前走。**

成人也是如此，培养一个习惯，学习某种技能，都是从一小步开始的。不因为看到别人都在看书、跑步，自己却做不到而烦恼，而是先把书拿出来，把跑鞋准备好。只是一个小小的动作，就已经向前迈出一步。

细小步骤这个工具，就是要求我们把任务细化，让孩子体验成功。例如，学龄前儿童学写自己的名字时很吃力。我们可以这样将任务细化：

- 示范正确的执笔方法。
- 一次写一个笔画，你写一笔，让孩子写一笔。
- 在写的过程中，教孩子技能。比如，写横的时候，要从左到右写；写竖的时候，要从上到下写。在这个过程中，不要替他们做。

当孩子完成细小步骤时，就会放弃“我不行”的信念。

对于不够自信的孩子，尤其需要家长把任务细化，让他们在小小的进步中获得成就感。比如，很多练琴的孩子，在练了一段时间之后会感到非常厌倦，部分原因是难度增大，导致一下子跟不上。这时，如果家长帮助孩子把当天的练习任务分成几部分，通过完成一个一个的小任务来让孩子体验成功，并鼓励孩子每一个进步的地方，孩子就会觉得备受鼓舞。

当一个孩子能够常常体验成功，他的内心就会拥有越来越多的自信，而自信会让孩子做任何事情时都更容易成功。对于成人，也可以把那些想做的事变成实际的行动，把大目标分解成小任务，一次进步一点点。久而久之，你就会发现，自己已经走出了很远。

耐心、毅力和爱，这是我们能给予孩子最好的陪伴。

05

掌控情绪，而不是让情绪主宰你

说到改变，我们常常会感到无奈，觉得不是自己不愿意改变，而是有一万种理由告诉我们无法改变。这就如同情绪，不是我不想控制，而是我做不到，因为我实在太生气了，不得不发火。比如，对方都把汤洒在我身上了，我还能对他微笑吗？

一旦我们一味地追究原因，仅仅想靠原因来解释某件事，就会陷入“决定论”里，认为我的现在甚至未来都是由过去的事情决定的，所以根本无法改变。

个体心理学大师阿德勒说，人的行为是以目的为导向的，你之所以做一件事情，是因为你有某个目的。比如，你发脾气，有时只是因为你想发脾气，发脾气就是你的目的。

约了朋友一起吃饭，她迟到了半小时，一坐下来就开始“吐槽”：“今天差点儿跟人吵一架。停车的时候，我刚想倒进去，后面那辆车一眨眼就把我的位置给占了！我明明打了转向灯，她就是故意抢位！我勃然大怒，下车跟她据理力争，没想到她一点儿也不觉得理亏，声音比我还大。我可不是好欺负的，我和她一直吵到停车场保安过来，调出录像，那女的才把车开出去。你知道，我平常都不在公共场合大声喧哗的，但是昨天我感觉我愤怒的声音几乎传遍了整个停车场。你以前跟我说，每个人的行为都是受他的目的指引的，你说，难道我的目的就是为了跟人吵一架吗？明明就是别人先惹怒我啊！”

我没有回答，而是问她：“你是不是觉得自己当时根本无法抑制怒火，你发那么大的脾气，自己也觉得无能为力？”

她说：“是的，我几乎是不假思索的，一下车声音自然就变大了，我自己也没想到。”

我说：“我知道你的心情，但是我相信你只是大声喊叫，没有想过要动手去打对方吧？”

朋友惊讶地看着我，抱着双肩说：“当然不会，尤其是下车后看到她长得比我高大，我就更不敢了，我肯定不会自讨苦吃。”

我笑了，说：“所以，你看，其实你还是能控制情绪的。你下车后对她大声喊叫，其实是为了达到先发制人的目的，你要用自己的怒火来震慑那个霸占你车位的人，使她做出让步。”

朋友说：“这是什么怪理论，我哪有什么目的，就是因为生气才对她大声喊叫的。”

我说：“其实你是不是也想过跟她讲道理，只是你觉得讲道理太麻烦，又觉得自己不能示弱，所以你还是大声呵斥了她，对吗？”

朋友想了一下，说：“好像是那么回事，我当下确实有这么一个念头，我必须显得很强大，让对方知道我不是好惹的！跟先生吵架时，我也是如此，心里想的是一回事，说出来又是另一回事，有时我本来是想跟他好好说话的，但话一到嘴边，就变得硬邦邦的，像带着刀子出来，我自己都不敢相信自己会说那样的话。”

是的，因为我们的目的不是为了解决问题，而是为了赢对方。所以，发怒的情绪，有时不过是你用来对付对方的手段。

可以回忆一下我们的一些生活经历。有时我们会生气、沮丧、悲伤，甚至会生病，这些看上去都是很正常的情绪与行为，但有时我们会把身体或心里的感受扩大化，陷入这些情绪里出不来。有时是真的无能为力，有时却是为了达到某个目的，比如想得到更多的关注，或者想让自己看起来很无能为力，然后就可以逃避做某些事情。

当然，这不是绝对的，只是说我们可以抱着这样一份觉察去看待生活。这时你会发现，有些看起来无法改变的事情，其实只要我们改变一下内心的信念，问题就得到了解决。比如，如果你很容易悲伤，不妨问一问自己：我是真的很伤心，还是希望自己看起来很伤心，这样对方就可以多关注我？或许，不需要通过伤心的方式，我也可以让别人关注到我的需求。

我们常常认为，面对情绪，自己无能为力，情绪一旦失控，就像洪水猛兽，仅靠一己之力是无法抵挡的。其实很多时候，情绪可收也可放，那个按钮就掌握在你的手里。

很多人都有过这样的经历，小时候，妈妈因为一件小事暴跳如雷，对你又打又骂，这时电话响了，好像是她的领导找她，妈妈画风突变，声音轻柔，满脸微笑。你心中窃喜，以为暴风雨终于过去了，结果妈妈打完电话一转身，却立刻切换到接电话前的状态，瞬间收起笑容，声音提高八度，继续对你破口大骂。似乎刚刚那段情景完全没有发生过。

为什么我们可以对情绪切换自如呢？这说明情绪其实是可收可放的，它既可以在接电话的瞬间巧妙收起，也可以在挂断电话之后再次释放出来。这时候，我们不是因为怒不可遏而发脾气，只不过是为了用高声震慑住对方，让对方听自己的话而已。

然而，我们很多时候意识不到自己当下的情绪，而是被情绪牵着鼻子走，从而做出很多失去理智的行为。这时，我们的大脑盖子处于打开的状态，原始脑发挥着主导作用。

可以做这样一个练习，当意识到大脑盖子打开的时候，试着去辨别一下当下的情绪：我现在是什么情绪，是生气？愤怒？沮丧？失望？还是其他的情绪？在这样的情绪下，我们通常会做出怎么样的举动？比如，当孩子无法解答你认为非常简单的数学题，你感觉到无比失望与生气时，你可能会大声呵斥孩子："怎么回事？这道题我都给你讲过100遍了，怎么还是不会做？"

然而，在这一刻，你不希望自己如此生气和失望，你希望自己比较平静、冷静或平和。所以，你可以这样做：理解孩子当下的心情，让他先休息一会儿，然后和他一起分析他不懂的地方。

当我们有所觉察，愿意停下来，去辨别当下的情绪，知道自己真正想要什么，就可以朝着控制情绪，而不是被情绪控制的方向迈出一大步。不过，这是一个需要长期练习与学习的过程，是需要一生都在学习的功课。

美国心理学家费斯汀格有一个很有名的"费斯汀格法则"：**生活的10%是由发生在你身上的事情组成的，而另外90%则是由你对所发生的事情的反应所组成的。**换句话说，生活中有10%的事情是我们无法掌控的，而另外的90%却是我们所能掌控的。

情绪，就是我们可以掌控的东西。只是我们需要经过长久的修炼，拥有了宽大的包容之心和深厚的人生智慧，就能在某一个时刻发挥它的作用。它可以给身边的人以安慰和鼓励，可以拨开云雾见到太阳，甚至可以拯救人的生命，让爱在我们身边丰富地流淌。

有效运用感受

在上文中，讲到一个辨别情绪的练习，这个练习分为3个步骤。

第一步：请写出最近体验到的3种负面感受。今天（或最近），我感到：

1.__________ 2.__________ 3.__________

第二步：选择其中一个感觉，请确定："当我有这样的感受时，我通常会怎样做？"（错误的、不理智的做法）

当我感到__________时，

我通常会这样做：______________________________

第三步：请确定，我更希望有什么样的感觉，做什么会让我感觉更好？

我更希望__________，

那我可以______________________________

举例说明"辨别情绪练习"的使用方法：

第一步：我因为儿子把他的盘子扔在他的小房间里而感到愤怒；

第二步：这时，我通常会大声命令他：离开椅子，别这么懒惰，把盘子拿到洗碗槽，并立刻把它们洗好；

第三步：我更希望当时我是平静的，我可以告诉他我对他的期盼和他应负的责任，还可以这样问他：想个什么办法能帮你记得清理自己的脏盘子？

这个练习，其实是在有效地运用我们的感受。很多时候，当我们的大脑盖子打开时，我们通常是直接做出行为反应，略过“感受”这一步的。其实，停下来思考的这个过程，本身就是一个暂停，能够让我们停下来，把大脑盖子盖上，用理智脑来思考问题：我更希望我是什么感受，那我可以做什么？

06

情绪管理三部曲——看见、暂停、表达

让我们把岁月的镜头推到恋爱的年纪。都说恋爱中的人，连拌嘴也是甜蜜的。一个人说："你不爱我了，你对我不好。"另一个说："我哪里对你不好呀？"对方回答："你自己想想吧。"请问：这样的拌嘴甜蜜吗？一个陷入自怜自艾的情绪里，一个觉得如履薄冰，对方的心思好难猜。

再把镜头推到婚后的生活。丈夫下班回家，没有看正在厨房忙碌的妻子一眼，就一屁股坐在沙发上看手机。妻子心里越想越委屈：以前谈恋爱的时候，他最爱打下手，现在眼里哪还有我。再看一眼客厅，丈夫把鞋子乱七八糟地甩在门口。于是，妻子怒火中烧，对着丈夫大喊："看看你的鞋子！每次都这样，赶紧把它们摆好！"丈夫在心里嘟囔：辛苦了一天，好不容易回到家想休息一下，这个小小的要求都得不到满足。

再来到孩子出生之后的生活。因为做作业的事情，父母和孩子陷入权力之争。妈妈说："别玩了，快去写作业。"孩子回应："妈妈，我玩完

马上就去写作业。”半个小时过去了，孩子却纹丝不动。妈妈又去催，孩子慢吞吞地拿出作业本，东摸摸西摸摸，又半个小时过去了，妈妈发现作业本上只有几个字。此刻，妈妈所有的耐心都已经用完，对着孩子大吼：“为什么写个简单的作业对你来说却这么难？”孩子丢下笔，不知所措，什么也没听进去。

无论是让对方去猜测你的情绪，还是把情绪压抑在心里，把自己逼进死胡同，抑或把情绪爆发出来，你都不是自己在主导情绪，而是被情绪所控制着。当我们被情绪所控制时，就会失去理智，对方那些不好的行为会被无限放大，甚至我们已经看不到对方，也看不到自己，更加忘了去思考：这一切的根源在哪里？我们在为什么而争吵？我为什么会被那么多负面的情绪与能量所包围？

看见：情绪的源头在哪里

看见，是一种觉察，也是一种智慧。当情绪失控的时候，是什么蒙蔽了我们的双眼？恰恰是你所看见的现象。这些现象是：对方不爱我，对我不好，不理解我，把我的话当耳边风，总是跟我对着干……这些行为都不符合我们的期待，所以我们迅速给大脑发出指令，“啪”的一声，大脑里那个控制情绪的开关打开，于是情绪失控了。

可是，我们坚信不疑的这些现象是真的吗？为什么对方的心里也充满了抱怨与委屈？到底是谁错了？怎样做才是公平的？我们发现，我们所追求的公平并不公平：我付出的越来越多，他做的越来越少；我为了孩子连工作都辞了，可是我越来越搞不定孩子……负面的情绪在那一刻迅速积攒，让你感觉如同掉下深渊，一直往下掉，你的手不断挥舞，想抓住一些东西，可它们都被折断，弄得你满手是伤……殊不知，其实你腰间一直绑着一根“安全带”，那个“安全带”不是别人给的，而是你自己的。只要你愿意抓紧它，就可以停止下坠。

自己才是情绪的源头，一切看起来似乎是因人而起，实则是因自己而起。**重要的不是发生了什么事情，而是你自己对这些事情的态度。**你能否越过这些现象，看到现象背后隐藏着怎样的信念？能否调整自己，站在不同的角度去看待问题？能否做到先置身于事件之外，去冷静而理智地解决问题？要做到这些，我们需要先有一个积极的暂停。

暂停：我才是自己的情绪教练

在球类比赛中，我们经常看到教练做出一个手势——比赛暂停，队员们跑过来围成一圈，教练调整布局、鼓舞士气，再回去时，状态更新了！

回到我们的情绪中，如果我们处于一种萎靡不振的状态，谁来鼓舞我们的士气，是跟你“斗争”的那个人吗？显然不可能。其实，教练正是我们自己，也只有我们自己。我们需要对自己喊“暂停”，需要给自己重新布局，需要为自己加油、打气。

回到文章一开始的那些镜头中，如果丈夫对你的话充耳不闻，如果孩子的行为不断惹怒你，如果你感觉自己心跳加速，脸颊发热，你的感觉越来越不好，请在心里告诉自己：我需要暂停。你可以走到一个让你感觉更好的地方，做一次深呼吸，想一想：刚刚发生了什么？我的需求是什么？轻声地把你的需要说给自己听：“我需要证实老公还爱我，我需要得到老公的尊重，我需要孩子管理好自己写作业的时间……”然后你会发现，你的怒火消失了，你焕然一新。当你再次回到他们身边时，你发现你看见了他们，也看见了自己。

表达：我需要你这样做

面对自己强烈的情绪，不要隐忍，也不要爆发，而是清楚而具体地表达你的需求。

“我之所以说你不爱我，是因为我需要你像以前那样对待我，经常陪我聊天，跟我一起做饭，一起收拾屋子。”

“我知道你很累，回到家想无拘无束地放松一下，但是我需要你把鞋子摆好，因为我对家里的整洁很在意。”

“妈妈希望你能先写完作业再去玩，这是我们之前就做好的约定，你能遵守我们的约定吗？”

一样的目的，不一样的表达方式，效果却千差万别。懂得自己才是情绪的源头，明白情绪的爆发源于需求没被满足，清楚怎样具体地表达需求。这才是解决问题最好的方式——没有纠结，也无须猜测，不用大动肝火，也不会大伤元气。

正面管教工具

积极暂停

控制情绪是一件很难的事情，几乎没有人可以做到想控制情绪就立刻控制得住。有人觉得，控制情绪是在压抑自己，需要把它爆发出来，心里才痛快。但几乎每一个发过脾气的人最后都会后悔，希望发脾气的那几分钟没有发生就好了。

一时的痛快，可能会给身边的人带来很长时间的痛苦。积极暂停是帮助我们关上“大脑盖子”，进行情绪管理的有效方式。

积极暂停是指当情绪不好，比如生气、伤心、沮丧等时，不沉浸在这些情绪里，而是想办法从这些情绪里跳出来，找到一种方式，或去一个让自己感觉安全的地方，让自己的感觉好

起来。我们把这个地方称为“积极暂停角”。

你可以跟孩子一起建一个积极暂停角，需要注意的是：

◆ 选择孩子情绪好的时候，先跟他解释积极暂停角的作用：“有时候我们会生气，这是很正常的。这时候我们需要一点儿时间来冷静下来。咱们来建个特殊的地方吧，不是惩罚你的地方，而是一个你喜欢的地方，你在那儿能冷静下来，能感觉更好。通常人们感觉更好时，才能做得更好。”

◆ 然后，可以鼓励孩子给这个地方取一个名字，并根据自己的喜好布置成他喜欢的样子，这个过程让孩子参与得越多越好。你会发现，孩子会想到很多有创意的名字，比如“热带雨林”“海洋王国”“冷静太空”“月亮船”等。他们也非常愿意动手去布置属于他们自己的一片小天地。

◆ 使用积极暂停角，可以先从家长自己开始。当我们有负面情绪的时候，可以主动跟孩子说：“妈妈现在很生气，需要去积极暂停角待一会儿，我会在那里慢慢冷静下来，然后再跟你好好说话，我一会儿就回来。”父母的行为是孩子最好的榜样，当孩子感觉到积极暂停角发生在父母身上的作用，以及带给自己的是更好的“待遇”，他也会去积极地使用。所以，家长可以率先做一个自己的积极暂停角，在使用时，一定要记得告诉孩子：“我一会儿就回来！”

CHAPTER 02

亲子沟通，从无条件积极关注开始

对孩子受伤的情感来说，父母的理解是治愈的良药。当孩子被理解时，他们的孤独和伤痛就会减少，对父母的爱就会更深。当他们感觉到深深的接纳与爱时，就更倾向于合作而非对抗，这时再来解决问题，就变得轻松很多。

父母与孩子之间，并不是“父母说话孩子听”这样的单向关系，如果在一个家庭中，父母总是说得多听得少，却还希望孩子听话懂事，效果往往会适得其反。真正双向的亲子沟通，需要父母具备说话的艺术，也懂得倾听的学问，给予孩子说话的机会。

更为重要的是，父母要给予孩子无条件的积极关注，无论孩子调皮、哭闹还是发脾气，都应该不做任何负面评价和要求，无条件地接纳孩子，并给予他温暖。父母只有持这样的态度去对待孩子，才能真正看见孩子，理解他的感受，看见他的需求，才能让沟通顺畅地发生。

很多时候，父母觉得跟孩子的沟通有障碍，就是因为父母本身对孩子是不接纳的，他们带着很多固有的想法和评价去跟孩子沟通，无法接收到孩子发出的信息，无法体会孩子真实的想法，于是很轻易地就关闭了与孩子沟通的大门。

01

用接纳的心态拥抱孩子的独一无二

豆豆是一个比较安静的孩子，总是沉浸在他的小世界里自娱自乐，不以物喜，不以己悲，我一直为他强大的内心而感到高兴。但上小学后，七八岁的孩子开始彰显个性，兴趣爱好各不相同，越是开朗大方、多才多艺的孩子，越引人注目。在这样的环境下，豆豆开始审视自己。

有一天，豆豆回家跟我说：“妈妈，我觉得自己什么都不会，我们班上有的人会画国画，有的人的书法连老师都说比不上，还有的人每年都上电视台表演节目……”说这些的时候，他的眼里满是羡慕与失落。看得出来，他的内心有过不少挣扎。

我坐在他身边，看着他的眼睛，听他说完后，对他说：“是的，妈妈看得出来你有些失落。你真希望自己也能像那些孩子一样，是吗？”他点点头。我继续说：“每个孩子都是不一样的，有的孩子喜欢画画，有的孩子喜欢表演，而豆豆的阅读能力很强，游泳很厉害，踢球也很棒，不是吗？”“可是，这些老师和同学都看不到。每次班级表演节目，我什么都不会！”

看着他妄自菲薄的样子，我想起自己小时候在班上也是一个默默无闻的孩子。每次拿自己与那些万众瞩目的孩子一比，我就会感到很自卑。尽管爸爸妈妈也告诉我，不要拿自己的短处跟别人的长处比，但我还是过不了自己这一关。我觉得，自己应该跟他们一样，拥有那些闪亮的优点。

当我为豆豆遇到同样的问题而一筹莫展时，4岁的弟弟小福捧着他的绘本走过来，这是一本“青蛙弗洛格系列”的《我就是我》。这个绘本似乎正是为此时的豆豆量身定做的，它强调每个人都不一样。野兔博学多才，小猪是个美食家，鸭子会飞，青蛙很羡慕它们的本领。于是，青蛙去学习认字，学做蛋糕，练习飞翔，然而都失败了。当他沮丧地走到河边，看着自己的倒影时，突然觉得很幸运，因为只有它才是一只青蛙，一只会“青蛙跳”的青蛙……当我把绘本念给豆豆听时，他终于笑了：“每个人都不一样呀！是的，别人都不是我！”

豆豆终于接纳了自己和别人的不一样，不再自卑和失落。不过，在面对和自己不一样的别人时，他又纠结了。

上小学二年级的时候，豆豆参加了一个校外的乐团。乐团里的孩子来自不同的学校，而且年龄相差很大。有一个男孩子名叫齐齐，跟豆豆一样大，特别喜欢出风头，言行举止中透着对其他孩子的不屑，让豆豆很反感。

但没想到的是，齐齐却很喜欢跟豆豆玩。因为我和齐齐的妈妈成为朋友，两个男孩子也熟络起来，经常相约一起玩。可是，每次碰到要跟齐齐合作，比如踢球、打牌时，豆豆就不愿意跟齐齐成为队友。齐齐为此生气好几次，两个人闹得不欢而散。

我问豆豆：“为什么你不愿意和齐齐成为队友呢？”豆豆说：“我也不知道，就是觉得没办法信任齐齐。”再问，他就背过头不理我。其实，从豆豆的眼神中，我看得出来他的内心也很纠结。

不久，迪士尼电影《疯狂动物城》上映了，我带着豆豆去看。他为那只行动缓慢却名为“闪电”的树獭大笑，为兔警官朱迪的励志故事而感动，而最牵动他的心的却是兔子与狐狸的友谊。

豆豆看到狐狸听了兔子关于肉食动物本身凶残的演讲而伤心离开的时候，他问我：“妈妈，你觉得兔子和狐狸谁更伤心？”我没有回答他，而是反问：“你觉得呢？”他想了想，说：“狐狸很失望，兔子一定很后悔。但是兔子也不是故意的，因为他们本身就不同。”

突然，他问我：“妈妈，会不会有一天，齐齐也不理我了？”

“你怎么会这么想呢？”

“因为我的头脑里总是想着他很骄傲的样子。”

原来豆豆一直对齐齐和自己不一样的性格而耿耿于怀。我问他：“你知道兔子和狐狸后来为什么成了最好的朋友和搭档吗？”

他说：“因为兔子回去找了狐狸，并且抱在一起。”

“那这个拥抱代表什么？”

“是不是代表兔子努力不去想狐狸是一只狐狸的事实？”

我告诉他：“兔子不是去忘记狐狸是一只狐狸，而是去接纳狐狸，去拥抱狐狸和自己不一样的地方。你和齐齐也是如此，你也可以去拥抱齐齐身上跟你不一样的地方。每个人都不一样。”

“就像妈妈以前说的，每个人都有自己的兴趣爱好和特长，那每个人的性格里也有惹人喜欢和惹人讨厌的地方，对吗？”

“是的，当我们愿意去接纳与拥抱这些差异，我们的生活就会变得更加简单和快乐。”

《疯狂动物城》让豆豆哈哈大笑，也让他思考自己面临的难题。看完电影后，豆豆主动去约齐齐一起游泳、打牌。他对我说：“妈妈，其实所谓的难题都是自己给自己制造的。如果能放下对别人的羡慕、讨厌或者偏见，更多地关注自己，心里就不会那么纠结了。”

8岁的豆豆不是哲学家，但他的思考里总带着很多成人难以一下子悟到的道理。生活，真的处处是教育。

正面管教工具

倾　听

孩子放学回家后，可能会带回来各种各样的问题，就像本文中出现的一样。如果我只是一边做事，一边“嗯嗯啊啊”地敷衍孩子，瞬间转移话题，不听豆豆说，或是开始长篇大论，一味地给予评价、提出建议，那他一定不会跟我继续说下去。

记得有一年出差，我见到一个10多年没见的女同学。之前我们在网上联系过，聊起当年的很多事情，感觉很美好。然而，那次见面后，我的感觉却有点儿糟糕。因为我每次兴致勃勃地说起一件事情时，她就会打断我，说：“嗯，我也是这样的！”“我跟你相反！”或者“我也认识一个这样的人……”

那种总是被打断的感觉，让人很无奈、很生气，也让人失去继续聊下去的兴趣，连情绪也变得低落起来。所以，后来我也没有做一个很好的倾听者。

其实，无论是朋友之间、夫妻之间，还是家长与孩子之间，都是如此。**只有我们感觉到自己被倾听时，才会敞开心扉继续说下去，才肯去听从对方所说的话。**然而，倾听看似简单，却是一件难以做到的事情，因为我们都习惯于敷衍、否定、评论、安慰、提建议等“不听”的行为。

倾听别人，需要我们放下已有的想法和判断，全神贯注地体会对方的感受，了解对方的想法、需要和请求，并给予反馈。

那么，如何通过倾听来跟孩子进行有效的沟通呢？不妨试试以下的建议。

- 注意自己在倾听时是否有敷衍、打断、指责或说教等行为；
- 如果有，要有意识地改变这种行为，先从“倾听”开始；
- 停止说话，只听。可以问孩子这样的问题：“能给我举个例子吗？”“还有呢？”
- 当孩子说完后，问问他是否愿意听你说；
- 在分享了你的看法后，要关注于寻求对双方都有利的解决方法。

02

让孩子按照他本来的样子成长

六一儿童节时，我带小哥儿俩去商场选礼物。出门前，我们开了一次家庭会议，豆豆和小福都通过了一项“决议”：选几样礼物都可以，但是每个人选的礼物总价不能超过400元。

到了商场，豆豆在乐高玩具前停留了很久。他很喜欢一款409元的消防队模型积木，但犹豫了一下，他还是放弃了这款积木，选了一桶自由拼装积木和一盘跳棋，一共320元。

而小福一进商场，就看中了一个小黄人套装，一共419元。他抱着这盒小黄人，不再看其他任何玩具，就等着哥哥选完后一起付款。我提醒他：“小福，你挑的礼物超过400元了。”他头一扭，把小黄人抱得更紧了，说：“我就要这个！”

我和先生相互看了一眼。虽然小黄人只超过预定价格19元，但为了让小福学会遵守家庭约定，我们不肯让步。小福先是用耍赖的方式大叫：“我就要，我就要！”见这招没用，他又开始装可怜，说：“妈妈，我一个星期不吃冰激凌，可以吗？”我没有答应，他又生一计，转头问豆豆：“哥哥，你的玩具是多少钱？”豆豆回答：“320元。”“那咱俩的礼物加起来超过两个400元了吗？”豆豆老实地说：“没有。”小福马上提议：“那我们可以合买，然后一起玩！”

“合买”的方案并不算违背之前的约定。于是，小福兴高采烈地抱着他的小黄人走出了商场。我替豆豆感到委屈，但他看上去并没有不高兴。

很多时候，兄弟俩都是如此：小福总是清楚地知道自己想要什么，而且会为了达到目的而“不择手段”；而豆豆对什么东西都看得很淡，即使很喜欢，也不会去争取。

我一度很担心，像小福这样不达目的不罢休的做法，会不会伤及他人？像豆豆这样不懂得争取，会不会让自己太辛苦，错过很多机会呢？于是，我开始有意识地去干涉孩子们的选择。兄弟俩分享一盒巧克力时，小福总是能一眼看到最好吃的那些，把嘴巴塞满，手里也抓满，眼睛还盯着盒子不放。而豆豆根本不在乎自己能吃到多少巧克力，他拿着其中一颗用心地品尝。等到盒子里只剩下几颗巧克力时，小福已经做好“屯粮”的准备，而豆豆还在慢悠悠地吃着，表情非常享受，全然不知自己吃亏了。这时，我总是在一旁不停地提醒：“小福，你吃慢一点儿，分一颗给哥哥；豆豆，剩下的两颗给你，弟弟手里已经抓了4颗！”甚至我还会说：“小福，你不能拿走本来属于哥哥的巧克力；豆豆，你也要抢啊，你不抢，巧克力就都被弟弟拿走了……”

于是，本来一直沉浸在美味世界里的豆豆突然醒悟过来，开始加入争抢的游戏。小福像“割肉”一般让出一颗巧克力，但很快又恢复本性，并且抢得更厉害，最后还是他胜利了。本来小哥儿俩相安无事，经过我的调解之后，豆豆觉得很沮丧，于是有意识地回避争斗；而小福却更享受和哥哥斗争的乐趣。

为此我感到越来越焦虑，却又不知道该怎么办才好。

不久之后，我们全家去美国游玩，在那里邂逅了一家人，他们家有两个女儿。听完她们的成长经历，一直萦绕在我心头的困扰突然解除了。

这家的大女儿琳达，从小就明白自己想要什么，无论是选择学校、专业，还是参加各种比赛，她都努力争取，也常常失败，但是她不在乎："我努力争取过了，就不算失败。"因为敢选择、肯努力，她一步步实现了自己的梦想，最后考上了常青藤名校。

小女儿瑞秋从小善解人意，很多时候她做事情都是为了满足大人，而不是满足自己。长大后，她不知道自己喜欢什么，她换过专业，换过学校，还休过学，直到后来才发现自己喜欢摄影。于是，她不再读大学，而是凭借天赋和努力，成为《国家地理》杂志的摄影师，日子过得自在舒服。

琳达和瑞秋的妈妈对我说："以前我也很担心姐妹俩，忍不住想干预她们。可最后，我还是决定让孩子按照原本的性格去成长。因为每个生命都是独特的，性格没有好坏之分，而且你永远不知道未来会怎样。不如带着一份好奇，等待她们去体验各自的人生吧。"

我回望了一眼豆豆和小福，终于走出焦虑，知道该怎么对待他们了。每个孩子都是独特的，或许小福会感激自己曾经百分之一百地生活过、争取过；而豆豆会享受并受益于他那份简单与不争。**我需要做的，就是接纳不同的他们，为他们设置界限，也给予他们自由，让他们按照本来的样子成长。**

信 任

我们常说，要给予孩子“爱与自由”，“爱”是指无条件的爱，无论孩子做得好与不好，我们都从心底去接受和理解他，像以前一样地去爱他；“自由”是指给予孩子足够的时间与空间，不过多地打断、干预和约束他，而是让他在一个相对自由的环境中，去建立规则，熟练技能，形成他的价值观和世界观。在这个过程中，他需要慢慢地去摸索、体会，需要在错误中学习，而不是被包办、解救、说教或修复。

然而，很多时候，我们剥夺了孩子慢慢成长的机会，没有给他自由成长的空间，因为我们对孩子不信任，觉得他做不好，所以总想插手干预。当我们对孩子表达信任时，孩子会发展出对生活的勇气和对自己的信任。这一点对孩子来说非常重要。**一个充满自信与勇气的孩子，能够面对生活中的各种挑战，也能抵抗外界的压力，激发自己的内在潜能。**如果父母从小就不相信孩子能做好，孩子成人后再去面对这些挑战时，就会变得束手无策。

信任孩子，给他犯错的机会，这是孩子最健康的成长方式。当孩子面对挑战的时候，父母要先给他尝试的机会，对他说：“我相信你能解决。”这句简单的话，会让孩子感觉到无穷的力量。

记得一次参加学习时，导师让每个人说一句对自己影响最大的话。有一半以上的人说，在他的成长经历中，有一个人对他说：“我相信你能行/我相信你能做到/我相信你能达到自己的目标。”看似简单的一句话，却改变了很多人的人生。一开始我震撼于这句话所带来的能量，但是仔细一想，觉得这确实是一句非常鼓舞人心的话。

孩子非常需要父母对他表达信任，信任会鼓励他勇敢地去探索，而在探索的过程中，会提高他解决问题的能力，并让他学会如何去面对失败。失败并不可怕，可怕的是孩子不能接受失败，遇到挫折不知所措，并且不知道如何从失败中学习。信任会让孩子的心里滋生出强烈的安全感，具有良好安全感的孩子，不会轻易地怀疑与否定自己，而是敢于大胆地去尝试。

当孩子失败、怀疑自己的时候，家长要认同他的感受，跟他说：“我知道你很沮丧，因为你刚刚没有做好，我也会这样。但是我信任你，我相信你能做到。”孩子听到这句话后，会正确地看待自己，正确地面对失败，并在今后的人生路上，发展起面对生活的勇气与信心。这才是我们所期待的孩子。

03

让孩子的负面情绪再“飞”一会儿

跟大多数父母一样，从前的我认为，孩子的快乐和悲伤需要由我全权负责。每当看到他们受挫折、闹情绪，我就觉得自己必须要做点儿什么，好让孩子开心起来。

一天，我带豆豆去饭店吃饭，路过商场的冷柜时，看到里面琳琅满目的冰激凌，他走不动了，一定要先吃个冰激凌再去饭店吃晚饭。我们的位置离饭店很近，如果先吃冰激凌，待会儿怎么吃得下晚饭呢？我毫不犹豫地拒绝了他。于是，豆豆使出了撒手锏：赖着不动，眼里噙满泪花，那表情让人看了心疼不已。

豆豆可怜的样子一下子戳中了我的心：“啊，孩子又不开心了，我该做些什么才能让他开心起来呢？”于是，我蹲下来抱着他，开始我的“快乐拯救”三部曲。

首先，给点儿阳光，好言安慰：“别哭了，妈妈答应你，吃过晚饭就给你吃冰激凌。”豆豆才不理我这一套，他大声反抗：“现在吃跟晚饭后吃不一样吗？我就想现在吃！”

安慰无用，我又开动了第二步：说教大法。“当然不一样。先吃冰激凌，肚子里就没有位置装晚饭了，长期下去会营养不良的。晚饭后我们一边吃冰激凌一边聊天，多么美好、惬意的时光啊！”听我说完，豆豆更生气了：“那是你的美好时光，我的美好时光就是现在吃一个冰激凌！”他扒着栏杆，蹲在地上，大有冰激凌不到手就不走的架势。

好小子，竟然在大庭广众之下跟“母后大人”耍赖，我只想快点儿解决这场拉锯战，索性用上了最后一招：贿赂。我说：“如果你能够忍到晚饭后吃冰激凌，周末就可以多玩半个小时游戏。”要知道，每个周末两个小时的游戏时间，一直是他最珍视的时光。听说能一下子多玩半个小时，豆豆马上动心了。他站起来，假装很为难地说：“好吧！我勉为其难地答应你！”

在饭桌上，他一边大口吃饭，一边一遍遍地跟我确认：“妈妈，周末真的可以让我多玩半个小时游戏吗？”看着他高兴的样子，我却开心不起来，我究竟是创造了快乐，还是牺牲了原则呢？用这种方式缓解孩子的情绪，真的是对的吗？

果然，我很快就被自己“打脸”了。一天，我们又路过那个冰激凌店时，豆豆说：“妈妈，我今天饭后再吃冰激凌，周末可以多玩半个小时游戏吗？”我陷入了困惑，我做了那么多，就是教会孩子跟我讨价还价吗？

后来，我跟我的导师——美国的一位临床心理学博士，谈起这个问题，他问我：“孩子用得着我们为他的快乐负责吗？那他自己的情绪呢？他什么时候开始接受这个会让他失落或愤怒的世界？”

我恍然大悟，为孩子创造快乐并不意味着要回避情绪，我犯了几乎所有父母都会犯的错误——企图为孩子的痛苦代劳，向孩子的愤怒妥协，用尽各种办法去消除孩子的负面情绪，而不是让孩子自己去体会进而消化负面情绪。这样处理的结果，跟我对待孩子吃冰激凌的事件一样——最后孩子并没有学会如何处理情绪，反而以为哭闹就能得到满足。那么，何不让孩子的负面情绪“飞”一会儿呢?

一天早上，小福从起床开始就哭闹着不愿去上幼儿园。看着他不停地发脾气，我想起了导师的话，突然放下了心里那个“我必须让孩子开心”的信念，而是允许他不开心，允许他生气、烦躁。

我平静地接纳了小福的情绪，没有给他讲道理，也没有竭尽所能地去解决问题。我只是把他抱到门口的椅子上，一边给他换鞋，一边说：“我知道你现在很烦躁，但你需要去上学，这一点你无从选择。不过，你可以选择以什么方式去上学，高兴地去，或是生气地去。”然后，我没有再说什么，而是安静地在一旁自己穿鞋，准备出发。他坐在椅子上一言不发，身体从一开始的对抗，变得放松下来。他想了一会儿，跟我说：“走吧，但我还是很生气，我要走到半路才会高兴起来。”

我们走在路上，一直没有说话。突然，小福看到路边的一朵小花，说：“我要过去闻一下。”我看着他蹲下来，深深地吸气，又深深地吐出来，就问他：“花香不香？”他说：“其实我不是在闻花香，我是在深呼吸呢，好让自己不那么生气。”那一刻，我突然知道，孩子是可以处理好自己的情绪的。

我和豆豆以前常常为“先写作业还是先玩”发生冲突，很多时候他虽然把作业写完了，但都是带着情绪写的，因此写得乱七八糟，好像是在为我完成任务。我看上去赢了，却在孩子长远的成长道路上输了。后来，对于豆豆写作业这件事，我不再反应强烈，豆豆也认识到自己无路可逃，渐渐开始养成习惯，尽管不愿意，却也能自己镇静下来，“为自己”写作业。

孩子有负面情绪，是一件再自然不过的事情，让孩子学会面对和处理自己的真实情绪，父母的关注点也会是当下，是事情本身。而父母的插手会让孩子逃避现实，让他们以为情绪是交换自由的捷径。接纳和允许孩子负面情绪的存在，让他们的负面情绪“飞”一会儿，孩子就会在消化情绪的过程中认清现实，这才是父母能为孩子做的最温柔、最有益的事情。

正面管教工具

决定你将做什么

在上文处理小福不愿上幼儿园的问题时，我使用的是正面管教工具——决定你将做什么。

不说教，不命令，决定接下来你会做什么，然后告知孩子，并坚决地去执行。因为过多的说教或命令会引发权力之争，坚定地执行你的计划，避免让孩子一次又一次地试探你的底线。

举个例子。你和孩子约定，出门之前要先收拾玩具，但他不收玩具就想出门。你们俩很可能陷入权力之争，你让他收，他却置之不理，你继续让他收，他还是不理，或者随便收一下就完事。几个来回之后，你发现，玩具没收好，孩子在哭，你在生气。你们俩就玩具这件事情“干了一仗”。

“决定你将做什么”就是告诉孩子：收完玩具之后，我们才会出门。然后，你可以走开去做自己的事情，等他收好之后，你们才出门。

同样地，针对孩子不写作业的问题，告诉他：你写完作业后，我会送你去好朋友家玩。“去好朋友家玩”，是你们之前约定好的事情。但是如果他的作业没有完成，就不能出门。

有人可能会想，这是不是威胁呢？并不是。这是在向孩子表达你的态度，让他明白：收拾玩具和写作业都是你自己的事情，我不会因为你不做而对你喋喋不休；我在一旁做自己的事情，如果你做好了，就过来找我，我们继续进行接下来的事。

需要注意的是，在整个过程中，父母需要和善而坚定地执行自己的计划，说到就要做到。这样，孩子才会相信：大人是遵守原则的，收玩具、写作业、上学是我自己的事情，我必须为自己负起这个责任。

04

先处理情绪，再处理问题

多米的好朋友小学毕业后搬到另一个城市，他的情绪一下子变得非常低落，有时还躲在房间里哭。妈妈不停地安慰他："没事，你会找到新朋友的，你会好起来的！"有时，妈妈又忍不住生气："你是男子汉，这样哭哭啼啼的，太没男子汉气概了！"

每次听妈妈这么说，多米总是欲言又止，有时还会怨恨地瞪妈妈一眼，然后"砰"的关上房门，不想再听她多说。妈妈既心疼孩子，又觉得恨铁不成钢。她跟我聊起这件事情，看得出她对孩子性格上的担忧多过对孩子情绪上的担忧。我问她："你觉得他的好朋友搬到其他城市这件事情严重吗？"

朋友回答："没什么严重的啊，升初中肯定会换一批朋友，以后他找到新朋友就好了。"

我说："就算你觉得这件事情没什么，也要认真对待孩子的感受。因为那一刻，他的难过是真的，他需要你理解他的感觉，同情他的遭遇，而并不仅仅是安慰他。当你诚恳地承认孩子的遭遇，说出他的失望时，他反而会获得面对现实的力量。”

她决定回家试试。一个小时后，她给我打来了电话。她说：“我仅仅是跟他说了两句话：‘你们以前每天形影不离，你现在一定很不习惯。你一定觉得很孤独，很想他。’孩子就抱着我哭起来，他跟我说出了自己的感受，说了很多他和好朋友之间的事情，然后他跟我说：‘妈妈，我相信自己一定会好起来的。’”

为什么只是接受孩子的情绪，母子之间的沟通就变得畅通很多？因为当孩子感觉到被接纳与理解时，就会产生强烈的安全感，从而就更愿意敞开心扉与家长做进一步的沟通，更愿意去考虑家长说的话。

这就是为什么我建议当一件事情发生时，父母不要就事情的本身而是就孩子的情绪来回应孩子。不要总站在一种高高在上的位置，对事情进行评价，或者趁此机会对孩子说教一番，甚至还要加上羞辱、指责。这样只会让孩子拒绝与你进一步沟通，增加对你的怨恨。而当你试图去理解孩子的情绪时，就会发现，其实那时的你是理智与冷静的，你对待这件事情的方式也是尊重与公平的。

在游乐场，我们经常看到这样的场景：一个孩子很生气地对父母说：“气死我了，他不仅抢走了我的玩具，还把我推倒在地上！”这时，不同的家长会发出不同的声音。有的家长会质问孩子：“你是不是先抢了他的玩具？你总是爱惹是生非！”有的家长则生气地说：“你怎么这么尿啊，那你抢回来啊！”有的家长会进行说教：“他这样做不对，你不要学他，做好你自己就行！”有的家长则怀疑孩子：“怎么会这样，你把事情的经过再说一遍。”……但很少有人会去安慰孩子的情绪：“他抢你的玩具，还推你，你一定觉得很生气。”

所以，接下来孩子更加生气，还多了一份委屈，和父母的沟通也无法进行下去。因为当孩子处于一种强烈的情绪中时，是听不进去任何话的，也不会接受任何批评或安慰。他们更希望父母了解他们的心里在想什么，他们的心情是怎样的。

而且在很多时候，孩子的情绪只是透露了一点点，尤其是当他们年龄尚小时，还不会清楚地表达自己的情绪，这就需要父母去猜测他们的愿望，并帮助他们表达出来。

孩子从小就需要被理解，这种被理解的需要，远远大过成人眼中更美更好的东西。网上曾经有个广为流传的视频，说的是一个孩子的乌龟死了，他感到很伤心，爸爸走上前去，说：“不就一只乌龟吗？爸爸带你再买一只。”孩子继续哭：“不要，我就要原来那只。”爸爸说：“乌龟死了，就没法活过来了，这是自然规律。爸爸给你买一只一模一样的，一只不够，我们买两只。”可是，孩子哭得更厉害了。直到爸爸经“高人”指点，抱着孩子说：“你的乌龟死了，你一定很难过。”孩子突然像换了一个人似的，说：“是的，它再也活不过来了，爸爸，我们去把它埋起来吧。”画面上，爸爸拉着孩子远去的背影充满了浓浓的爱。

对孩子受伤的情感来说，父母的理解是治愈的良药。当孩子被理解时，他们的孤独和伤痛就会减少，对父母的爱就会更深。当他们感觉到深深的接纳与爱时，就更倾向于合作而非对抗，这时再来解决问题，就变得轻松很多。

正面管教工具

认同感受

在我们小的时候，常常听到父母对我们说：“要勇敢，不要哭！”或者“这有什么好高兴的，不要骄傲！”我们不能有不好的情绪，因为这是“弱者”的表现；我们也不能让好的情绪过于强烈，否则就会乐极生悲。带着这样的观念，很多事情我们都做不好。

等到我们为人父母后，小时候父母对待我们情绪的方式，基本上就是我们对待自己的情绪、对待孩子的情绪的方式。我们常常压抑自己的情绪，不敢自由地表达自己，也不允许孩子拥有负面情绪，于是竭尽所能地想帮助孩子跳过情绪的束缚，直接解决问题。

允许孩子有自己的感受，是给予他们能量的开始。当他们相信，不管自己拥有哪种情绪都是正常的，他们就可以自由地做自己。

所以，不要企图修复、解救或说服孩子放弃感受，而是让他自由地表达出自己的喜怒哀乐。如果孩子还小，父母可以帮助孩子把他的情绪说出来。比如，你可以说：“我能看出来，你真的很伤心、很生气，也很沮丧。”然后，保持沉默，给孩子一些时间，相信他能处理好自己的情绪。

你会发现，情绪得到理解与接纳的孩子，会在心底滋生出很大的力量，他们会主动去想办法去解决问题，而不是觉得自己没有能力。同时，也更愿意敞开心扉，把更多的心里话说给你听——即自由地表达自己。

认同孩子的感受，是父母和孩子无障碍沟通的开始。

05

站在孩子的角度，给孩子无条件的积极关注

每年暑假，我和先生都会带孩子到国外去游学、旅行。到了国外，你会发现，世界突然安静了，无论是在路上行走，还是在餐厅吃饭，不再像在国内一样，热热闹闹，人声鼎沸。这时，两个孩子的声音突然就变大了。他们聊到高兴处，突然就兴奋地大声叫出来；他们在路上走着走着，就开始连蹦带跳，或倒着走，把路沿当独木桥走，甚至还会爬石头、爬栏杆。

我不厌其烦地告诉他们：像爸爸妈妈一样走路，过来牵着手，轻声一点儿说话……其实，我很想加上一句：我都说一百遍了，怎么还是不听！接下来，“不语言”几乎脱口而出：不要跑，不要爬，不要跳，不要叫，不要大声说话……

但是，一点儿用都没有。一开始，他们还会停下来犹豫一下，后来他们干脆听不见我说的话。一种无助与沮丧涌上心头，我开始想：我自己还教别的家长怎么面对孩子的挑战呢，可我现在都不知道拿自己的孩子怎么

办。想到这里，我的情绪几近失控，只要一点儿火苗就可以把我点燃。

这样的情形，在我们抵达美国的前3天，几乎天天都会发生。

第四天，我的时差差不多倒过来了，我们也结束了路上的奔波，在一个美丽的旅游小镇住下来。我的精神恢复了，一直紧绷着的神经似乎也终于放松下来。先生开始开会，我独自带着两个孩子在小镇闲逛。

两个孩子拉着手走在我前面，不紧不慢。这是多么和谐的画面啊，我甚至忍不住想，如果多带一个小孩，我也是可以的！可是，思绪还没回过来，我就看见一个孩子开始跑起来，另一个快要跑到路边。我跑过去把他们拉回身边，跟他们说："我们只是在路上看一看，走一走，慢一点儿！"两个孩子几乎异口同声地回答我："妈妈，这里没什么好看的！我最讨厌逛街了！"

我突然想起，我生的是两个男孩，且非"暖男"，他们天性就不爱逛街。我很享受在异国小镇的街头慢慢走的感觉，但他们并不喜欢，所以才希望能从无聊的走路中发掘出一点儿乐趣来。

回想起前面3天，他们大部分时间都在车上，一下车，他们跑一跑、跳一跳，释放一下，是很正常的。平常在国内，大家都高几个分贝说话，他们高声说话也是正常的，没有想到，在国外标准突然就变得不一样了。

站在他们的角度想一想，我突然就释然了。我的孩子，不是完美得不会让我"生气、沮丧、尴尬"的孩子，他们的行为，就是所有孩子都会有的典型行为，在路上走一走、跳一跳、爬一爬，这是他们的天性。他们不会每时每刻都按我的要求规规矩矩地走路，安安静静地吃饭。允许与接纳他们"不听话"的时刻，想一想他们行为背后可能的原因是什么，就会发现，很多时候，他们并不是故意跟我对着干，只是有时他们不会像大人一样恰到好处地控制自己（其实，大人很多时候也不会控制自己）。

然而，要时刻记得站在孩子的角度想问题，并不是一件容易的事情。很多家长跟我说，看着孩子那么捣乱、那么不听话，没把他们骂一顿、打一顿已经够好了，还要我蹲下来，和颜悦色地去接纳他的情绪，这很难做到。

是的，对于孩子的这些行为，如果你本身就是无法接受的，那自然很难去接纳孩子；如果你对孩子的爱是有条件的，那么只有在孩子表现好的时候，你才会接纳他，如果他有一些不符合你期望的行为，你就会讨厌这个孩子。

或许你不承认你会讨厌自己的孩子，但是你所做出的指责、打骂、惩罚等行为，会让孩子感觉到自己是不被爱的。当他有这种感受时，就会花更多的精力去证实这一点，而证实的方式往往正是那些不当行为。

无条件地爱孩子，就是对孩子做到无条件地积极关注，无论孩子调皮、哭闹，还是发脾气，父母都应该不做任何负面评价和要求，都应该无条件地接纳孩子，并给予他温暖。只有持这样的态度对待孩子，我们才能真正看见孩子，理解他的感受，看见他的需求，而孩子也能在这样“天然”的环境中成就真实的自我。

正面管教工具

非语言信号

在后来的旅途中，我们制订了一些约定，来保证我们玩得既开心又安全，并且尽量不发脾气。我跟他们说：“你们两个在路上乱跑的时候，我很担心，也很着急，我没办法同时照看好你们两个人。所以，我会忍不住大声对你们喊叫，请原谅。”没想到，两个孩子善解人意地说：“妈妈，其实你不用那么大声，你给我们一个手势就可以了，你这样大声，你自己很生气，我们也不想听。”

于是，我们约定了几个手势。比如，他们乱跑的时候，我过去扶住他们的肩膀，不说话，他们就知道此刻需要停下来；他们大声说话的时候，我伸出手轻轻地往下压，他们就知道要降低音量。我没有多说话，他们反而更愿意听，**因为当我愿意用手势代替命令或唠叨时，我的情绪是冷静的，而且孩子能够感觉到被尊重和信任，所以更加愿意去遵守。**

事实上，在我们的生活中，充斥着各种各样的“不语言”和“人生道理”：不许动，不许哭，不要跑来跑去，不要在上课的时候讲话……我们觉得这是为孩子好，可是孩子却觉得生气、烦躁、莫名其妙。

非语言信号，不说一个字，反而比语言更“响亮”。比如，孩子一进门把鞋子乱甩在门口。你不用说话，微笑地指着需要被捡起的鞋子，孩子就会知道你是什么意思。再比如，当你和孩子经过一场“冲突”而感到沮丧时，试试把手放在胸口，表示“我爱你”，这样你们都会感觉好些。

当然，这些非语言信号需要在之前就跟孩子约定好。很多小小孩喜欢在家长打电话时在一旁打扰，家长一次又一次地把孩子从身边支开，孩子又一次一次地跑过来，最后，家长很烦躁，孩子也感到很委屈。其实，在这种情况下，你可以跟孩子约定一个暗号：当妈妈打电话或跟人说话的时候，如果你想跟我说话，就给我做一个暗号，如果我能停下来，就赶紧过来找你；如果我有很重要的事情，暂时不能过来找你，我也回应给你这个暗号，表示我收到你的信息了，打完电话就会过来找你，请你等我一会儿。

这个非语言信号，比起用语言或肢体动作不停地把孩子从你身边赶走，有效得多，它会化解你和孩子之间的冲突，让你们平静地相处。而且，如果这个非语言信号是你和孩子之间所特有的，别人都不知道是什么意思，孩子就会觉得非常自豪。

06

适时捕捉孩子发出的信号

家长大都明白亲子沟通的重要性，知道要站在孩子的角度去倾听和沟通，建立相互信任的亲子关系。但是沟通不是简单地和孩子进行语言的交流，还包括去接纳孩子的情绪，询问孩子的想法，然后再去解决问题。

沟通存在于交流的每一个瞬间、每一个细节，**真正良好、有效的沟通，需要父母能够适时地感受和理解孩子发出的信号，并及时做出回应，尤其需要父母能够倾听孩子。**

然而，大多数时候，父母都不会留意孩子表达出的信息，因为他们的心总是被自己的想法和感受所占据。孩子从学校回到家，很委屈地告诉你："妈妈，我很生气，我把齐齐当成最好的朋友，什么东西都跟他分享，但是他今天带了一本书，就是不给我看！我再也不跟他当好朋友了！"这时，妈妈的脑海里闪过无数画面，然后，这样的话脱口而出："是不是你什么地方惹他生气了？""明天我们带一本跟他换吧！""你们还是好朋友，好朋友之间有矛盾是很正常的。"

我们觉得自己很理解孩子，觉得说这些话是为孩子好，是在帮他解决问题。可是，孩子却突然不说话了，他可能会变得更加生气，因为这些都不是他想听到的，他想传递给家长的信号，家长并没有捕捉到。

孩子所发出信号的真实含义往往并不明显，家长需要对这些信息进行“解码”之后，才能理解它。比如，孩子看上去是在“抱怨”某件事的不公平，其实真正传达的信息是“我很委屈，我想倾诉，我想得到理解”，他并不一定需要安慰、建议、说教，甚至也不需要解决办法。而家长听完孩子的表述，往往就会来抚平他的负面情绪，帮助他解决问题。所以，当你用这些方式跟孩子进行沟通时，实际上就错失了彼此之间的连接，没有做到适时、有效的沟通。

在上面的案例中，适时、有效的沟通，从孩子回家那一刻就应该开始。当孩子说话的时候，你可以拉着他的手，蹲下来，看着他的眼睛，体现出对他的关注，让他感受到你对他的重视。然后，你放下脑海里已有的想法和判断，敞开心扉，全神贯注地去倾听和感受他，留意他表达的信息。能否做到这一点，取决于当时实际沟通的情形，而不是产生于早已存在的固有的心智模式。

所以，有时候我们仅仅是在孩子跟我们沟通的时候拉着他的手，点点头，跟他说“嗯，你看上去确实很生气”或者用“还有呢”“可以告诉我更多吗”这样的方式给予反馈，可能孩子只是经过一番倾诉，问题就得到了解决。因为当孩子感受到家长的重视和理解时，他就不再否定和怀疑自己，他的那些“小烦恼”就变得不那么重要，他的担心也会消失不见。孩子从“需求不被满足模式”，顺利过渡到“需求被满足模式”。

事实上，像这样的循环，在孩子成长的每一天几乎都会发生。孩子从出生开始，就需要父母和他们进行积极的沟通，满足他们的需要。从孩子咿呀学语起，懂得如何养育孩子的父母，就会对他们报以微笑，并模仿孩子的声音，用这样的方式去回应他们，然后停顿一下，等待他们的回应。

父母要让孩子知道：“我明白你的意思，我在认真地听你说，我会回答你的，我知道这对你很重要，因为这能使你了解自己、重视自己，我很喜欢你现在的样子。”通过这样的信息反馈，父母和孩子之间就建立起连接，并且通过相互发送和接收对方的信号，感受到彼此融为一体，孩子的心理健康就是在这样的亲密沟通基础上逐渐建立起来的。

随着孩子慢慢长大，我们常常会错过孩子发出的信息，孩子的需求无法得到满足后，就会产生不当行为。父母为此感到沮丧，常常以简单粗暴的方式来对待孩子，孩子也滋生出更多的负面情绪，由此陷入一个恶性循环当中。

这是一个大家非常熟悉的场景：妈妈下班回到家里，孩子满怀热情地跑过来迎接她，经过一天的分离，孩子特别想跟妈妈重新取得连接。然而，这时的妈妈却想换掉职业装，洗个手，然后再投入到妈妈的角色中。所以，她只是飞快而随意地抱了一下孩子，就走到卧室换衣服去了。

孩子没有体会妈妈的意思，他以为妈妈拒绝了他，开始哭起来，而且在等妈妈的过程中，他越哭越伤心，他的心里产生了很多想法，但是他并不知道那是什么，他很委屈，很失望，也很生妈妈的气。所以，当妈妈再次下班回来，满怀热情地来抱他的时候，他拒绝了妈妈，用手推开妈妈，大哭起来。这时，妈妈的心里突然变得非常失落，她本来收好了工作一天的疲惫，现在这种疲惫的感觉一下子又冒了出来，她严厉地对孩子说：“你再不停下来，我今天就不带你玩了。”

一看妈妈对自己发火，孩子立刻感受到更大的分离感，他变得更加急躁，干脆躺在地上哭起来。这时，妈妈不再打算给孩子任何积极的关心，因为在她看来，孩子的行为很不对，她不想纵容这些“坏行为”。

至此，母子之间的沟通完全失败，其原因就在于孩子最初的信息没有被妈妈适时地接收，孩子因为没有得到妈妈的理解而感到挫败，妈妈也因为孩子的消极对抗而感到恼怒和沮丧，本来一件很小的事情，现在变成了大问题。

可见，亲子之间适时、有效的沟通是非常重要的。其实我们每一个人都在时刻观察着他人对我们所发出的信号的反应，孩子更是如此，他们往往是凭直觉对自己所观察到的事情做出判断，而这些判断往往是错误的。比如，在孩子看来，妈妈的一个转身，可能就是不爱他的标志。这时，后面的沟通就变得更加艰难。

当亲子之间不可避免地发生分离和误解时，需要父母去修复这些问题，孩子也会逐渐明白，他们和父母之间的连接是可以修复的。通过适时的沟通和必要的关系修复，孩子就会慢慢地积累起积极的、与父母的内心紧密连接的感受，这对他们未来人际关系的建立非常重要，也能让他们形成健康的自我意识。

正面管教工具

近距离倾听

本章讲的第一个工具“倾听”，说的是当孩子说话的时候，家长不要敷衍、打断、指责、说教等，而是用心去倾听孩子，并做出回应。而“近距离倾听”，更多地是指父母要去感受孩子，感受你们在一起的那种感觉，让孩子感觉到你在他的身边给予他无声的陪伴，你们彼此之间心有连接。

你可能还记得，在孩子很小的时候，只要你坐在他看得见的角落，他一个人就会玩得很好，但是一旦你离开他的视线，他马上就会站起来，哼哼着要你回来或者跟你走，直到你又坐在他旁边，他又旁若无人地玩起来。

孩子长大后，也是如此，也同样需要感受到父母在身边安静的陪伴与倾听。他不需要你有任何言语和动作，只要你在一旁安静地看着他，他就会觉得此刻的时光变得加倍地温馨与重要，他对手上的事情也会有加倍的兴趣。

因此，所谓“近距离的倾听”，就是需要你腾出时间，安静地坐在孩子旁边。这时，孩子可能会问：“妈妈，你在干吗？”你可以这样回答：“我只想和你在一起坐几分钟。”这样的回答，往往会让孩子感到自己无比地重要和被爱。

如果每天都能有这样几分钟，你愿意为孩子停下所有的事情，就这样安静地与孩子待在一起，你会发现，很多烦心的事情似乎都消失不见了，你的心会慢慢地沉淀下来，你与孩子的心会因为每天有这样的连接而更加靠拢。你也能够更好地去倾听孩子，从而看到孩子真正的需求。

CHAPTER 03

了解行为，看见孩子行为背后的需求

我们对自己和孩子的行为了解得越多，与孩子沟通的方式就会越有效。一个良好的开端，就是走进孩子的内心世界，对孩子因为感觉不到归属感和价值感的失望行为有更多的了解。家长应该明白，如果真的存在问题，了解原因，才能真正地对症下药。

导读

孩子的行为，不过是冰山一角

我们常常说自己从头到脚了解孩子，可是孩子却不觉得父母了解真实的他们。当孩子出现某一个行为时，我们常常会对此直接做出判断和反应，尽一切可能想帮助孩子解决问题。可是却发现，尽管我们“已经说过100次了”，孩子还是不听，甚至变本加厉。

这就如同船在大海中航行，如果方向错了，你劲儿使得越大，就越偏离正确的方向。我们没有看到真实的孩子，没有了解孩子行为背后有着怎样的感受、信念与需求，只是凭借行为表面就做出判断并采取行动，这样的方向很有可能就是错误的。

本章将通过学习“错误目的表”来了解孩子的行为，通过几条线索，来判断孩子的行为目的，然后根据这些行为目的去了解他们的真实想法，这样就能够确保我们始终航行在正确的航道上。

01

为什么孩子越来越不听话，惩罚越来越不管用

我刚开始做家庭教育培训时，学员们经常这样“吐槽”：“家里人不同意我来学习，尤其是老人，他们觉得养孩子这件事还需要学习吗，孩子听话就好，不听话就打，就这么简单。”

事实上，老人家说得也没错，在那个年代，有几个孩子不是被打大的呢？而且大多数孩子，打一顿之后立马变得老老实实，可以“乖”好多天。但现在，过去那样的“大好时光”似乎已经一去不返了。孩子变得越来越不“听话”，父母的惩罚也越来越不管用。

之所以会这样，其中一个原因，是今天的成年人已经不再给孩子树立服从和顺从的榜样了：爸爸不再顺从与自己观点不一致的上司，妈妈不再对丈夫言听计从，学生不再唯师命是从……几乎所有的人都在积极地争取自己的权利。孩子没有从周围的榜样身上学会“听话”，他们也希望得到完全的尊严和平等。在这样的背景下，如果再用惩罚的方式管教孩子，带来的后果就不再是顺从，而是愤恨、报复、反叛或退缩。

此外，还有一个原因，即今天的孩子很少有机会培养责任感和上进心。我们不再需要孩子像过去那样为家庭的生计付出努力，相反，孩子被以爱的名义给予了太多东西，因此他们无须付出任何努力和投入，甚至认为这是理所当然的。很多父母都相信，好父母就应该保护孩子免遭任何挫折和失望，因此他们包揽了孩子遇到的一切困惑，对孩子进行过度保护，从而剥夺了孩子通过遭遇挫折、体验错误取得成功的机会。孩子感受不到自己的价值，对自己没信心，因此便通过一系列不当行为来找寻自己的价值。这些不当行为，就是我们所说的“不听话”的行为。

按照传统的教育方法，当孩子出现不当行为的时候，父母的第一反应就是，这个行为是错的，我要去纠正它。很多时候，纠正就意味着惩罚，因为很多父母认为，只有惩罚，孩子才会吸取教训。然而，惩罚并没有让孩子吸取教训，他们的心思反而没有放在事情本身，而是放在如何逃避惩罚上面，或者他们因为这些严厉的责难与惩罚，产生了强烈的自卑情绪，认为自己就是父母眼中的坏孩子，从而更加对自己失去改变与进步的信心。还有一些孩子，他们会为此感到很愤恨：今天你们这么骂我打我，只是因为你们现在比我强大吗？这不公平，我不能再相信大人。甚至他们会想办法报复：这次你们赢了，下回我要扳回来！

正面管教主张不惩罚、不娇纵地管教孩子。2008年，正面管教刚到中国时，很多人听到“管教”两字，第一反应都会联想到“惩罚”。惩罚事实上是很多家庭最常用的养育方式之一。因为家长相信，想要孩子变得更好，就必须让他们感觉更糟，通过责难、批评、惩罚等方式让孩子吸取教训，他们才能从中得到学习。然而，静下心来想想，作为成人，我们什么时候才会做得更出色呢？一定是你感觉自己被接受、被鼓励，感觉比较好的时候。

“管教”一词的原意是教育、引导、追求真理与原则。想让孩子遵守原则，养成好习惯，一定要让孩子从内心真正认识到这件事情的重要性，从而肯主动去遵从。而我们通常做的，是通过惩罚或奖励的方式，给予孩子外在的控制，这种方法看起来在当下有用，一旦这些外在的控制撤离，孩子又会恢复到老样子。

正面管教主张，当孩子有不当行为的时候，不是通过孩子的行为表面去判断这个行为的对错，然后给出解决的办法，而是先了解孩子行为背后是什么感觉，隐藏着怎样的信念，孩子做这件事情的原因是什么。只有了解行为背后孩子的真正需求，才能帮助我们真正地解决问题，并且是以一种尊重、平等，不伤害、不惩罚孩子的方式来解决问题。这就是为什么通过不打不骂的方式也能让孩子听话。它做到了尊重孩子，也尊重自己。它让我们看见孩子、理解孩子，并根据问题的原因去解决问题，而不是盲目解决问题。

正面管教观点

惩罚造成的4个后果

很多时候，惩罚只是在短时期内有效。有时，父母的一声呵斥就让孩子立马听话了，但是孩子的行为问题并没有得到真正的解决，它会换一种方式，换一个场景，接二连三地出现，并且会带来长期的负面效果，它们分别是：

- **愤恨**——“这不公平，我不能相信大人！”
- **报复**——“这回他们赢了，但是我会扳回来的！”
- **反叛**——“我偏要对着干，以证明我不是必须按照他们的要求去做。”
- **退缩**——

a.偷偷摸摸："我下次绝不让他抓到。"

b.自卑："对，我是个坏孩子。"

孩子通常不会清醒地意识到自己在遭受惩罚时内心所做出的决定，然而他们未来的行为正是建立在这些潜意识之上。比如，如果一个孩子在潜意识里认定自己是个"坏孩子"，他就会继续扮演"坏孩子"的角色，他要么会跟父母对着干，要么会变成一个讨好者，通过一些不当的方式去寻求父母的过度关注。

正面管教不提倡任何形式的惩罚与娇纵，它关注长期的教育效果。它以相互尊重和合作为基础，把和善与坚定融合为一体，并以此为基石，让孩子在学会自我管理的基础上，培养各项能力。

02

归属感与价值感是孩子追求的首要目标

人们曾经认为，一岁前的孩子是不会思考的，他们无非就是发展一些生存技能，学习拿东西、说话，学习坐、爬、站等。大人照顾得好，他们就笑；照顾得不好，他们就哭。

事实上，婴儿从出生起就开始思考了，他们通过如何看待自己和他人的关系，以及他们认为别人怎么看待自己，来形成对自己的看法以及行事的方式。

人所有的行为都是以目的为导向的，一个孩子降临到这个世界上，他的首要目的就是为了追求价值感和归属感。归属感是孩子作为社会人最基本的需求，他需要感受到自己能够融入一个家庭或一个集体，并在其中找到自己独特的位置。孩子从出生起就开始寻找答案：在这个家里，我是一个什么样的人，我要通过什么样的方式成为其中的一员，并占有一席之地?

或许你认为，很明显，孩子是家里最重要的人啊，全家大小都宠着他，把他放在最重要的位置，他还需要去寻找自己的位置吗？但孩子并不一定这么想。他们有着世界上最敏锐的观察力，同时解释能力却很差，很多时候，他们并不是凭理性的思考做出决定，而仅仅是凭着直觉做出决定。

现在有很多二宝家庭，或者准备生二宝的家庭。很多父母发现，老二出生后，老大突然开始有了“倒退”行为：本来自理能力已经不错的老大，突然开始尿裤子，依赖奶瓶，喜欢哭闹，越来越黏妈妈。家里多了一个孩子，本来已经身心俱疲的父母，对于老大突然的“无理取闹”与“添乱”很难接受，他们生硬地把老大推开：“你是怎么回事？妈妈已经很忙了，你到一边儿玩去！”这样的做法对孩子来说是非常大的打击，孩子感到更加失望和沮丧。要知道，他之所以出现叛逆的行为，正是为了得到父母更多的关注。

从二宝被抱回家的那一刻起，他就一天到晚被妈妈抱在怀里，所有的人都围过去照顾他、欣赏他，赞美他可爱。看到这些，老大告诉自己：妈妈爱小宝宝胜过爱我，所以我也要学小宝宝那样吃奶瓶、哭闹、尿裤子，我也要黏着妈妈，我要重新获得自己在大人心中的特殊位置。他没有想到，他所采取的一系列举动却适得其反，父母对此感到无比沮丧和厌烦，他们不是充满爱意，张开怀抱，亲切地期待他，而是给予他批评与惩罚。孩子因此更加气馁，他的行为也变本加厉，大人更加烦躁……可想而知，家庭氛围会变得多么恐怖。

如果父母能够看到孩子这些叛逆行为的背后，只是一个简单的信念——希望得到爸爸妈妈更多的关注和爱，就不会只是告诉孩子：“你大了，弟弟（妹妹）还小，需要更多的照顾。”而是真正用行动去爱孩子，比如，安排跟老大的特殊时光，每个月抽出一段时间，单独跟他待在一起，让孩子感觉到自己的重要性；给老大布置一些小任务，让他参与到照顾弟弟或妹妹的过程中，让他感觉自己也属于妈妈和弟弟（妹妹）这个“小团体”，感觉到自己被需要。这样，他的那些“不当行为”自然就会消失，家庭氛围也会变得温暖和睦。

其实，回想一下我们自己的经历，就知道有所归属和感觉被爱对一个人来说是多么重要。当我们新到一个班级或新到一个单位时，我们最想要的就是这种感觉——温暖的欢迎，宽容的接纳，不被排挤，不被孤立，有自己的位置。一旦有人做出一些不友善的行为，你就会觉得，对方可能讨厌我，我感觉很孤独，因此就会把大部分的精力都放在如何被人喜欢或者妄自菲薄上面，从而无法也不愿意为这个集体发挥自己的价值。

价值感是每个人都非常需要的感觉。很多人看过东野圭吾的《解忧杂货店》，讲的是一位老人开了一家烦恼咨询的店所引发的故事。里面有一段话，让我印象特别深刻。姐姐对弟弟说：

爸爸现在整个人精神焕发，比起妈妈没过世时还要有活力，这样我总算放心了，暂时应该没问题了，你也去看看他吧，我包你会大吃一惊的。

当一个老人找到自己的事情做，感受到自己在家庭或集体中的价值和重要性，并为之做出贡献后，无论对于老人自己、子女，还是对于整个家庭，都是一件值得宽慰和高兴的事情。但是很多老人退休以后，并不是那么容易继续发挥余热，这也是为什么老人带孩子会出现过度帮忙的现象，整个家庭也常常因此而变得矛盾重重。很多年轻的夫妻会因为隔代养育的问题而感到困扰，其实如果知道每个人都有追求归属感和价值感的需求，我们对于老人过度帮忙的行为就会多一些理解与宽容，也能更加积极地寻找解决的方法。

再回到孩子身上，很多时候，孩子被剥夺了追求和体现价值感的机会。这不仅仅是因为家里的老人过度代劳，很多父母本身也没有给予孩子足够的耐心与等待，没有让孩子去尝试和发展各方面的能力。或者说，当孩子为了体现自己的价值而做出一些很笨拙、很让人烦恼的行为时，家长会用批评打击的方式去制止孩子。这对孩子是一种很大的伤害。

很多儿童文学与绘本故事里，都讲到孤独的、觉得自己没有用的孩子有着怎样的痛苦。这样的痛苦，是大人所不能理解的，大人往往通过“这有什么好害怕的”“就知道哭”等这样的话，粗暴地压制孩子。

其实，越不可爱的孩子，往往是越需要爱的孩子，也越需要大人无条件的积极关注，越需要被看见和接纳。只有寻求到爱与价值感，他们才会停止家长眼中的不当行为，去发展自己的能力——比如，对个人能力的感知力，对自己在重要关系中的价值的感知力，对自己在生活中的力量或影响的感知力，内省能力、沟通能力、判断能力，等等。否则，他就会消耗很大的能量去追求价值感和归属感，而且往往是通过不恰当的方式，即大人所看到的不当行为来实现自己的目标。

正面管教观点

解读私人逻辑

“私人逻辑”是个体心理学大师阿德勒提出的一个概念，它的意思是说，我们出于个人生活经验以及对这些经验的认识而形成每个人的内在信念，我们在应用这些信念的时候往往是无意识的，或者会把这些个人信念视为普遍真理。比如，二宝家庭中失去关注的老大，形成了这样一种信念：“爸爸妈妈不爱我了。”这是他的生活经验告诉他的结论，它很真实，因为他多次认证了这个“事实”——他每次想去寻求关注的时候，父母都很烦躁地把他推开。

每个人都以他自己的方式观察生活，对于同一件事情，每个人所观察到的结果是不一样的。就像看同一幅画时，有的人看到的是花瓶，有的人看到的是深渊，因为每个人观察的角度和生活经验是不一样的。基于自己的观察，每个人会做出自己的诠释，形成自己的内在信念。

当老大观察到所有人的目光都聚焦在二宝身上时，他会以自己的生活经验去诠释这件事情。基于这样的信念，他的行为方式很可能与他的目标背道而驰。“当我感觉到你们不爱我，我就从‘宝座’上被推了下来，现在我要想办法重新坐回‘宝座’……”于是，他开始黏妈妈，尿裤子，不再独立吃饭……没想到父母对此更加不耐烦，他不仅没有得到爱，反而受到了训斥和责骂。于是，孩子又开始形成新一轮的私人逻辑，并证实自己的信念千真万确——他们真的不再爱我了。

了解“私人逻辑”的概念，一方面能够让我们知道每个人都是不一样的，很多人际关系的矛盾都源于私人逻辑不同，我们需要去拥抱和接纳这种差异；另一方面，也让我们能更好地了解孩子的行为，更加有效地养育和管教孩子。

03

如何看待孩子的不当行为

几乎每个小孩都经历过叛逆期，在此期间，他们不听话，喜欢跟大人对着干，让家长很头疼。因此，一说到孩子的叛逆行为，很多家长都会把它与不当行为等同起来，会在第一时间去纠正它，想让孩子学会正确的做法。可是，不管采用什么方式，孩子的叛逆行为并没有减少，有时反而会变本加厉。为什么会这样呢?

事实上，孩子的叛逆行为并不都是不当行为。仔细观察后我们会发现，孩子出现的所谓不当行为，很多时候只是因为缺乏知识、意识或技能而出现的不熟练行为，以及与其年龄相称的发展适应性行为，或是因为失望、情绪失控而产生的行为而已。

我们常常见到这样的场景：一个刚学会走路的孩子，拍着手，兴奋地朝着某个方向走去，却被一把抱回来，孩子不知道发生了什么，继续挣脱大人的手想往前走，却再次被抱回来……最后，大人终于失去耐心，对着孩子的屁股狠狠打了几下，孩子伤心地大哭起来。

对于家长来说，孩子这样的行为就是不当行为。家长觉得孩子应该安安静静地待在大人身边，至少是在可以保护的范围内，而不是完全不管不顾地到处乱走，这样不仅让大人感觉很累，孩子自己也很危险。于是，他们不断地阻止孩子，直到最后失去耐心，“啪啪”打几下孩子，既是发泄愤怒，也是希望孩子从中得到教训。

孩子挨打后，觉得又生气又委屈又困惑，他不知道自己错在哪里。因为对于刚学会走路的孩子而言，走路对他来说是一件非常新鲜与自豪的事情，他发现自己不用借助别人就可以移动了，于是好奇地走向四周这个全新的世界，享受走路带来的成就感。当家长一次一次地把他抱回原地后，他意识到大人似乎不喜欢他这样，但是他没办法控制自己，他实在是太兴奋，太享受自由走动的过程了。所以，他继续不顾一切地向前走着。他没法清楚地告诉大人：“我只是觉得走路好玩，我想到处走走。”他所能做的，就是用大人看起来更加叛逆的行为来表达他的情绪与需求，他用力推开大人的手，大声哭叫，甚至就地打滚。大人看到这一场景，就更加断定：这个孩子太叛逆、太不听话了，我得继续教训他。由此陷入一个恶性循环。

每每看到这样的场景，我都觉得特别心碎，孩子那么小，那么需要理解和帮助，需要大人拉着他的手一起去探索世界，却被无情地制止、打断，并受到惩罚。对于孩子来说，这是一种打击和伤害，而这样的伤害，却来自最爱的父母对自己的不了解。

作为家长，我们需要多了解孩子每个年龄段的特点和发展规律，知道孩子的某些不当行为只是他们的一些适龄行为，并不是故意要跟你对着干。当刚学会走路的孩子四处乱走时，请耐着自己的性子，在可以保护的范围内给予孩子最大的自由，让他勇敢地去探索，或者轻轻地拉着孩子的手，顺着他手指的方向，跟着他走。必要的时候，你还可以当一个解说员，告诉他所到之处遇见的小花小草、小动物、人、故事……相比起因为不了解而强行阻止孩子，这是一幅多么温暖的画面。

再比如，一个刚学会写字的孩子，总是把字写到格子外，作业本被他搞得一塌糊涂。这时，家长可能会发火："跟你说过多少次了，字要写小一点儿，不要太用力，看你，把纸都戳破了！"孩子在一旁觉得很委屈，他用尽全力想把字写好，可是他的肌肉协调能力还不是很强，把握不好力度，精细动作也还不够好，没法把字写进格子里。

这时，孩子的行为并不是不当行为，而只是缺乏技能的行为。所以，家长需要做的，不是左问老师，右问朋友：孩子写不好字怎么办？而是应该耐下心来，花时间陪孩子慢慢练习写字的技能。

曾经有一个家长向我咨询，说他的孩子一到吃饭时间就开始本能反应似的哼哼唧唧，找各种理由不吃饭。家长为此绞尽脑汁，想尽了各种办法，大家都建议"狠心让他饿肚子"，家长也尝试过，可还是没有用。

这个孩子在其他时间都表现得很独立，一个人可以玩很久。唯独到了吃饭时间，就像换了个人似的，十分不配合。后来我了解到，孩子的父母平常非常忙，很少关注他，只有在吃饭时间，一家三口才坐到一起，父母会关心他吃得好不好，有没有吃饱。

其实，孩子的心里有一个信念：如果我不好好吃饭，他们就会花更多的时间在我身上，因此就算饿肚子，我也不要好好吃饭。孩子也意识不到自己做出了这个决定，而这却成为他行为的目的。

我给予这位家长的建议是，在吃饭之外的其他时间，多用心陪伴孩子。当孩子发现，自己不用耍小伎俩也能获得爸爸妈妈的关注时，就不会通过不吃饭的方式来获得爱和关注了。

后来，家长向我反馈，他们跟孩子约定好每天都有专门陪他玩的时间，孩子明显开心了很多，吃饭的事情自然也得到了解决。可见，找到问题的原因是解决问题的前提，只有这样，家长的管教才不会偏离方向。

孩子的行为就像一座冰山，我们所能看到的只是行为的表面，只是浮在海面上的冰山一角。而孩子行为背后是什么样的感觉，有着怎样的信念，他们追寻的是怎样的归属感和价值感，却是隐藏在海面下更大的部分，是我们所看不到的。

我们对自己以及孩子的行为了解得越多，与孩子沟通的方式就会越有效。一个良好的开端，就是走进孩子的内心世界，对孩子因为感觉不到归属感和价值感的失望行为有更多的了解。家长应该明白，如果真的存在问题，了解原因，才能真正地对症下药。

正面管教工具

给予关注

关注孩子，意味着不仅要“关”——关心，还要“注”——专注、注视。大部分家长能够做到无微不至地关心孩子，对他嘘寒问暖，照顾一切衣食住行，却很难做到去专注地了解与陪伴孩子。

专注，要求父母放下正在做的事，把注意力集中在孩子身上。此时，他比你所做的任何事情都重要。可是，很多父母要么很少有时间陪孩子，要么当孩子过来找他们时，他们一边忙手里的事情，一边敷衍孩子。对于父母的反应，孩子要么兴致陡然降低，要么以更大的“动静”来吸引父母的关注。久而久之，孩子对父母的信任与依赖会越来越小，他们慢慢地不再去找父母，有什么话也不跟父母说。而当父母突然反应过来，想去挽救的时候，孩子已然长大了。

只是辛苦操劳地照顾孩子的日常生活，并不是真正的关注，**真正的关注是指，那一刻你的心跟孩子在一起，你不仅用眼神跟他交流，还能站在他的角度倾听他的心声，看见他的需求。**

有的家庭会安排和孩子的特殊时光，在那个时间里给予孩子全身心的陪伴，让孩子感觉到被爱与重视，这就是很好的关注。这样，孩子就不再需要通过不当行为来寻求关注了。比如本文案例中不爱吃饭的孩子，他宁肯不吃饭，也想让父母多关注他。父母只有满足了孩子寻求关注的需求，才能解决不吃饭的问题。因为当孩子感受不到归属感和价值感，感受不到爱时，任何科学的方法也起不到作用。

有一句话说得好，时刻问一问自己：“当孩子走进房间时，你的眼睛是否亮了起来吗？”说到这里，我想到了自己。每次孩子们从外面回来时，一听到门铃声，我一定会跳起来，跑到门口，张开双臂迎接他们，而他们则会跑过来跳到我身上。我希望等孩子个子长得比我还高时，我们还可以如此兴奋地拥抱彼此。

给予孩子关注，让孩子感到他的重要。这对于培养孩子的归属感与价值感，是无比重要的事。

04

如何读懂孩子行为背后的信念

透过孩子的行为，去辨别孩子行为背后的信念，不是一件容易的事情，需要父母去了解孩子的特点，了解整件事情的背景，这是一项巨大的工程。

个体心理学大师德雷克斯在分析了上千个案例之后，得出这样一个结论：孩子行为的呈现方式虽然每次都不一样，但背后的想法无外乎有4种——寻求过度关注、挑战权力、报复和自暴自弃。当德雷克斯解释这4个行为目的时，人们常常会问："你怎么能把孩子往这些框框里放呢？"德雷克斯回答："不是我老把孩子往这些框里放，而是我在那里找到了他们。"这样一来，对于父母了解孩子行为背后的信念，就简单了很多。

孩子无时无刻不在通过观察自己与他人的关系以及如何看待自己来做出决定。然而，虽然他们的观察是极其敏锐的，判断却不一定准确。当一个孩子丧失信心，感受不到归属感与价值感的时候，他会为自己选择4个不恰当的行为目的中的一些，来恢复信心与勇气，找到被爱的感受与价值感。之所以说它们是不恰当的，是因为孩子的这些目的是建立在感觉不到被爱的基础上的，而事实上，几乎没有一个大人会否认自己不爱孩子。

第一个不当行为目的：寻求过度关注

当孩子错误地认为只有受人关注或有特殊优待时才会有归属感，才能感受到自己的价值，只有让别人为他忙得团团转时，才能显示他的重要性，他的行为目的就是为了寻求过度关注。

不知道你是否有过这样的经历：下班回家后，你正在厨房忙碌，3岁的孩子站在门口，不断地叫："妈妈，你过来！"你一边炒菜，一边问："什么事啊，宝贝？我能听到，你说吧！"可是孩子并不说有什么事，他继续叫："妈妈，你过来！"于是，你放下手中的活儿，走到孩子身边，孩子说："妈妈，陪我出去玩！"你抱了抱孩子，给他一副拼图，跟他说："你先拼拼图，妈妈马上就好。"可是，你刚进厨房不到两分钟，孩子又开始喊了："妈妈，你好了没有？快一点儿。"最后，你只好中断做饭，带着孩子出去玩。

在这个情景中，孩子很明显是为了寻求妈妈更多的关注，所以他一开始并不是走近妈妈，而是叫妈妈过来。当妈妈放下手里的工作时，他就觉得自己胜利了。寻求过度关注的孩子并不快乐，他认为自己得不到关注的时候就没有价值感，没有家庭地位，他需要不断地确定自己是否重要。所以，当你注意到他时，他就停下来不再"烦你"，但很快他又会产生同样的潜意识疑问：妈妈到底爱我吗？在妈妈心中，我到底有多重要？于是，他故技重演，形成恶性循环。

孩子的行为会带给妈妈一些不好的感觉。妈妈可能会觉得很烦躁，也很着急，因为她需要给全家人准备晚饭，而孩子却一次又一次地打断她；她也可能会感到愧疚，觉得自己总是没时间好好陪伴孩子。虽然这些感觉会让妈妈不好受，但这些对妈妈来说却非常宝贵，因为这可以作为辨别孩子行为目的的**第一条线索：如果孩子的行为让你觉得心烦、恼怒、着急或内疚，那么孩子的行为目的很可能就是寻求过度关注。**

接下来，妈妈可以通过**第二条线索**再次确认，**即当妈妈要求孩子停止其行为时，孩子的反应是怎样的。**一般来说，他会暂停片刻，但很快又回到老样子，或者换一种方式继续打扰妈妈。

通过这两条线索，妈妈就可以确认：孩子的行为目的是为了寻求关注。当孩子寻求关注时，他真正想说的就是："关注我，让我帮助你并参与到你的工作中，让我觉得自己有用。"

因此，对于孩子寻求关注的行为，家长不能像训练小狗狗叼球一样，你丢一个球，把孩子支开一会儿，然后他很快跑回来，你又丢一个球把他支开。这样他是感觉不到关注的，而是觉得你在敷衍他，因此他会以更加夸张的方式来引起你的关注。

当然，这并不是说父母要完全放弃自己的需求，对孩子有求必应。如果这样做，你会发现，孩子没完没了地缠着你，而你的脑海里总是想着尚未完成的事，最后你很可能因为情绪爆发而前功尽弃。

正确的做法是让孩子有帮助地参与进来，让他觉得自己有用。如果你正在厨房忙碌，可以拿一些菜，让孩子帮你择菜；可以让他站在凳子上，和你一起洗碗；也可以让他帮你去阳台上的盆栽里摘一些小葱……只要你愿意，总会找到适合孩子的事情。

只有在这些时候，孩子才真正感受到妈妈的关注，并且发挥了自己的作用。当他的归属感与价值感得到满足时，他的心里就有了很好的安全感，不会再没完没了地缠着你陪他玩耍。

常常有家长说："孩子太磨人，总是一刻也不能离开我，我走到哪儿，他就跟到哪儿，烦死人了。"也有家长说："只要我陪在孩子旁边，他就会玩得很好，我一旦起身，尤其是接个电话什么的，他就以最快的速度站起来，拉着我的手，跟我说‘妈妈，陪我玩’，而我明明才离开他几秒钟而已。”还有一些家长抱怨：“我工作很忙，到家很想休息一下，但一到家，孩子就撇开所有人，只要我一个人陪着。我要陪着他玩，给他洗澡、读绘本、讲故事，直到他睡着我才能闲下来，回家比上班还辛苦。”

要知道，**孩子不当行为的背后，一定有未被满足的需求，如果家长知道孩子的需求是得到关注，就要真心地给予孩子足够的关注，用心去陪伴孩子，和孩子做一些能促进心与心连接的事情，而不是进行“人在曹营心在汉”的形式上的陪伴。**

对于那些抱怨“回家比上班辛苦”的家长，建议你在进家门前先告诉自己：一会儿朝我扑过来的孩子，是思念妈妈一整天，无比需要妈妈的孩子，而不是那个会缠着我一个晚上不放手的孩子。“看见”是爱的前提，家长只有看见孩子内心的需求，才会真正地去爱孩子，去享受与孩子在一起的时光，让自己感觉到开心的同时，也让孩子感觉开心。

孩子需要在爱与关注里成长，只有感觉到足够的关注，才不会通过不当行为去寻求过度关注。

第二个不当行为目的：挑战权力

当孩子认为“只有当我说了算，或至少你不对我发号施令，我才有归属感”时，他们就会挑战父母的权力，跟父母对着干。

以下这个场景，对很多家长来说并不陌生。每天晚上8：30，妈妈和乐乐都会为了睡觉而发生冲突。4岁的乐乐对此非常娴熟。

妈妈轻声对正在玩玩具的乐乐说：“乐乐，来，该睡觉了。”

乐乐回答：“还没到时间呢，妈妈，我想再玩一会儿。”

妈妈继续哄劝：“现在你该上床了。”

“妈妈，我把这张画画完就去睡觉。”

妈妈不满地大声说：“你必须现在就去睡觉，明天再画。”

妈妈想把乐乐的东西拿走，乐乐开始尖叫，他把蜡笔抓过来，藏在身后。妈妈犹豫了一下，不想和他拉扯，就做出了让步：“好吧，把这张涂完马上就睡觉。”

然而，乐乐涂画的速度却越来越慢，妈妈变得越来越不耐烦，她生气地说：“你这是在胡闹，快点儿画，赶快画完。”乐乐得意地回答：“妈妈，我要把它画得很漂亮，所以要很仔细才行。”

妈妈继续不耐烦地等待，但她发现，画画仅仅是万里长征的第一步，接下来乐乐还有更多推迟上床的理由：一会儿要喝水，一会儿要上厕所……最后，妈妈终于忍不住，把乐乐狠狠地打了一顿。乐乐大声地尖叫、哭闹，家里其他人都聚拢过来，开始抱怨和指责。很可能爸爸和妈妈开始吵架，老人开始安慰乐乐。乐乐的脸上露出一丝察觉不到的得意：“这个场景就是我想要的，虽然我被打了，但是我觉得自己已经赢了！”

这个孩子是在向妈妈挑战权力。为什么孩子会一而再再而三地挑战妈妈的权力呢？从这个例子中可以看出，孩子的行为表达了他想做什么就要做什么。原本妈妈想强迫他就范，结果却一再妥协，这让他更加认为自己有权力，别人控制不了他。

其实，当妈妈意识到孩子是在挑战自己权力的时候，可以采取的一种方法是退出权力之争。妈妈可以提前跟孩子约定：9点钟是你上床睡觉的时间，我会提前告诉你刷牙、洗脸，我和爸爸会在9点跟你亲吻道晚安。

到了8点半，妈妈就应该提醒孩子去刷牙、洗脸，如果他不去，妈妈应该回去做自己的事情。9点一到，妈妈就抱起孩子，给他一个大大的充满爱的拥抱，跟他亲吻，道晚安。这个时候，孩子一定会挣扎，想大闹一场，父母不用理会，任他闹，只管做自己的事情就好了。

当家长愿意从战争中退出，孩子就会觉得这样的战争没有了意义。当家长很清楚地告诉孩子，自己的界限在哪里，并且坚持做自己该做的事情，决不妥协时，孩子就不会再去挑战父母的底线。

那么，如何判断孩子的行为目的是挑战权力呢？也有两条判断的线索。**第一条线索：看家长自己的感觉。**当孩子挑战权力的时候，通常我们会感觉自己受到了威胁与挑战，会有被激怒与被击败的感觉。**第二条线索：看孩子的行为回应。**对于家长的管教，他们不会轻易就范，而是会变本加厉，继续表现出不当行为，并且可能进行言语上的顶撞。看到家长生气，他们就觉得自己赢了。有时，他们还会进行消极抵抗或“屈从”家长，但内心并不服气。

如果孩子的行为目的是为了挑战权力，其实他心里真正想说的是：让我帮忙，给我选择，给我界限，让我自己做决定。

很多家庭都跟孩子有过类似这样的约定：玩完玩具要收拾好再离开，如果开饭15分钟后还不过来吃，就意味着你主动放弃了这顿饭，那就只好等到下一顿再吃。可是，当孩子挑战权力的时候，家长常用的办法是：

- **命令：**赶紧把玩具收起来，还有10分钟就吃饭了！
- **说教：**不把玩具收好，你走路会绊倒的，而且以后要玩会找不到玩具。我们都约定好了，你怎么能不遵守呢？
- **威胁：**不收好玩具，就不要来吃饭！以后我再也不给你买新玩具了！
- **妥协：**好吧，你先去洗手，我来收。你这次超过20分钟才来吃饭，还是让你吃吧，下不为例啊！

……

使用这些方法的问题在于，家长没有给孩子设置清楚的界限，反而让孩子觉得：妈妈一会儿会帮我收，或者只要我再坚持一会儿，还是可以吃饭的。家长也没有给予孩子权力让他自己做决定。所以，孩子才会一次又一次地去试探家长的底线，他享受这种胜利的乐趣，觉得只有这样，自己在这个家里才能感受到归属感与价值感。

权力并不是什么坏东西，父母可以建设性地使用权力，而不是破坏性地使用它。最好的办法是从权力之争中退出来，给予孩子正面的权力，为他提供有限的选择。比如，你提醒孩子还有10分钟开饭，可以跟他说：你可以现在收拾玩具，然后帮妈妈一起摆碗筷；也可以再玩5分钟，收好玩具后直接过来吃饭，你自己做决定。孩子可能会说：我什么时候都不想收玩具。这时，你无须争辩，也无须妥协，去做自己的事情即可。孩子很可能会因为你的退出而失去斗争的乐趣。

需要注意的是，家长要给出明确的界限和合理的规定，并完全按照规定去执行。如果你们约定好收拾好玩具才能去吃饭，并且开饭后15分钟没有过来吃饭，这顿就不能再吃，家长就要言出必行，温和而坚定地用行动说明一切。界限感会给予孩子安全感，让他知道哪些事情可以做，哪些事情不能做，做与不做分别有什么结果。否则，孩子就会觉得无所适从，一方面，他会不断地去试探家长的底线，去猜测妈妈今天是什么心情，或许自己可以侥幸过关；另一方面，家长的“阴晴不定”会让孩子产生很大的困惑，他可能变得不相信大人，也不相信自己，从而更加感觉不到归属感与价值感。

我曾经跟两个孩子做过上面的约定，有一次，豆豆过了20分钟才过来吃饭，我坚定地把他抱到一旁，他从一开始的大声哭闹，到最后安静下来，用了半个多小时。我知道，他是在试探我的底线，所以我没有让步，只是坐在他身旁，跟他说：“我知道你现在很生气，也很委屈，但这是我们的约定。我爱你，我很希望你没有错过这顿饭，但已经错过就不能再吃了。如果需要，我可以在这里陪你一会儿。”他拒绝我陪，自己去玩了。

到临睡前，我不知道他是真饿，还是因为心理作用，他一定要吃东西。他一会儿很夸张地做出饿得难受的动作，一会儿又可怜地哀求我：“妈妈，我就吃一片奶酪，就一片，求求你了。”他的样子又可爱又可笑，但我还是忍住了，因为我觉得孩子少吃一顿并没有什么大不了的，却可以让他明白大人的界限在哪里。最后，我和他终于“熬”过了那个晚上。之后的很长一段时间，他都没有再出现过不按时吃饭的情况。

当然，如果孩子有挑战权力这个行为目的，就不会轻易放弃自己的权力。因此，很多时候并不是说几句好话，尝试几个新方法，这些挑战就会消失。**家长要允许孩子自己做决定，并充分地信任孩子，让他们从错误中学习。**很多时候，家长之所以一定要赢了孩子，就是担心孩子做不到，因此以爱的名义逼孩子就范或自己妥协。错误是学习的好机会，孩子也有能力承受一定的挫折。比如，上文案例中提到的，少吃一顿饭，孩子完全可以挺过去。

当家长做到这些时，孩子就会合理使用他的权力，并放弃“挑战权力，必须由我说了算”这个目的。事实上，建设性地使用权力，是孩子一项非常重要的能力。

第三个不当行为目的：报复

如果孩子觉得自己得不到归属感，觉得自己没人爱、没人疼，他就会想：我要让你受到同样的伤害。此时，他的行为目的就是报复。孩子试图通过寻求关注或挑战权力的方式获得归属感和价值感，报复会使他们在没有获得归属感与价值感的经历中受到的伤害得到补偿。

如果孩子的目的是报复，家长可能会感到自己受了伤害，会感到失望、难以置信甚至厌恶。你觉得自己为孩子付出那么多，那么爱他，为什么他却说出那么伤人的话，做出那么不顾后果的事情。父母的这些感受，是判断孩子行为目的的**第一条线索**。

读初中的小林，跟朋友约好周六上午10点一起出去玩。时间快到了，他走到妈妈面前，说："妈妈，我出去玩了啊！"妈妈问："作业写完了吗？"他一边往外走，一边说："回来再写！"妈妈一把拉住他："那怎么行，写完作业才能出去玩。"小林着急地说："我已经跟同学约好了，不去怎么能行？"妈妈坚决不同意："现在学习这么紧张，只有写完作业才能出去放松一下。"还叫上爸爸，一起堵在门口。

小林很生气，他恶狠狠地瞪了妈妈一眼，用力关上房门。他越想越觉得生气和委屈，就拿出作业本，打开门，当着父母的面把作业本撕碎并扔在地上，说："作业，作业，除了作业和学习，你们在乎过我的感受吗？从明天起，我不上学了！"小林的举动令父母难以置信，愤怒的爸爸冲上去扇了小林一个耳光，并吼道："我们这么做不是为你好吗？你自己去房间好好想一想，没有想清楚怎么回事就不要出来，也别想吃饭！"小林转身回到房间，又是一声沉重的关门声。一家三口都沉浸在伤心与痛苦的氛围中。

在这个案例里，小林明显感觉自己受到了伤害，因为父母没有顾及他的感受，他跟同学约好出去玩，结果却食言了。对于这个年龄段的孩子来说，这是一件很没面子的事情。所以，他用伤害自己也伤害他人的方式来进行报复。这时，父母如果能根据自己的感受与孩子的行为来推测孩子的行为目的，就能够知道孩子内心真实的想法，不至于把事情闹大。

小林撕作业本，并说自己不去上学的行为，显然是对父母的一种反击，而且是最为有力的反击。因为小林认为：父母越不想让我做什么，越担心我做什么，我越要做，这是对他们最大的反击与伤害。所以，当孩子的目的是报复时，他们的回应是：反击，伤害他人，毁坏物件，以牙还牙。这可以作为判断孩子行为目的的**第二条线索。**

而事实上，他心里真正想说的是：我受伤了，请在乎我的感受。然而，小林的父母并没有读懂他的内心感受，爸爸的那一记耳光，无疑是雪上加霜，让孩子更加相信自己的判断：他们只在乎作业，不在乎我，我没人爱也没人疼，我受到了伤害，所以我也要伤害他们，这样我才会得到补偿。

青春期的孩子是非常矛盾的个体，他们一方面渴望自由独立，不想被束缚，在表面上讨厌被人照顾，假装很坚强；另一方面，他们的内心敏感脆弱，特别渴望爱、渴望被理解。

所以，当孩子有报复的目的时，家长不要想着以惩罚的方式让孩子就范，而是要率先停止还击，从报复的循环中退出来，保持友善的态度，等待孩子冷静下来，猜测孩子是因为什么受到了伤害，表达对孩子的理解，认同孩子的感受，并为自己的行为道歉，补偿过失，修复彼此之间的关系。

修复关系是非常重要的一步。在这个案例中，家长该如何修复与孩子之间的关系呢？家长可以等双方都冷静下来后，对孩子说："爸爸妈妈看得出来你很生气和难过，你跟同学约好出去玩，结果又不去了，这是一件很丢脸的事情，很抱歉我们当时没有想到这一点，更不应该一时冲动打你，你一定也觉得受到了伤害，我们可以坐下来谈谈吗？"

孩子可能会缄口不言，也可能不会说得太多，这时家长可以用反射式倾听的方式，走进孩子的内心世界。无论孩子说什么，都要站在孩子的角度，让孩子重新建立起对你的信任感，让孩子明白你的爱与关心。

"看来你很伤心，能告诉我更多一些吗？后来发生了什么？这件事带给你的感受是什么？"

"是的，如果是我，我也会有这种感觉，我们对你控制得太紧，让你感觉不到信任，其实你是可以安排好写作业的时间的。”

“我们想让你明白，不管怎么样，我们都爱你、关心你，如果我们使用的一些方式不对，你不喜欢，可以告诉我们，我们会改进的。”

……

当孩子感觉到爱，感觉到自己是有所归属与价值的，他就会停止报复，把精力放在发展其他方面的能力上来。

报复是挑战权力的升级，如果孩子挑战权力的时候，父母一直用惩罚的方式对待孩子，就会导致孩子的报复行为。很多家长说，当孩子寻求关注、挑战权力的时候，我还能想到办法去应对，但当孩子在报复时，我却发现自己很难处理。这正是为什么家长的学习要趁早，越早了解孩子行为的密码，就越早知道如何正确地应对。

第四个不当行为目的：自暴自弃

当孩子觉得自己不可能有所归属，也不想别人对自己寄予任何希望，感到无助又无能，努力也徒劳时，他的行为目的就是自暴自弃。

不像有的孩子说“我不会”是为了引起家长的关注，自暴自弃的孩子真的相信自己不会。**你会发现，就算你用尽各种办法，他还是觉得自己不行，并希望你走开，不要管他。你很想帮助孩子，孩子的表现却让你倍感无能为力，你会因此而感到非常沮丧、无助甚至绝望。**这些感觉可以作为**第一条线索**，帮助你判断孩子的行为目的是否是自暴自弃。

第二条线索是看孩子的行为反应。自暴自弃的孩子，通常非常消极，他对父母的帮助毫无反应，也毫无改进，甚至更加退避。**虽然如此，他心里真正想说的却是：不要放弃，请看到我微小的进步。**虽然他的行为表现十分消极，并真的相信自己不够格，放弃似乎是自己唯一的选择，但是没有一个人愿意真正放弃自己。

7岁的贝贝练习钢琴已经有一年的时间了，以前她信誓旦旦要学好钢琴，现在练琴却变成了全家人的噩梦。她每天都要为练琴哭一次，每次一坐到琴凳上，她就非常沮丧，希望妈妈能放过她，希望一个小时的练琴时间能快点儿过去。可是，妈妈却在一旁不停地催促和指责："注意手的姿势，坐直一点儿，这里弹错了，又错了！怎么不弹了？"贝贝停下来，一言不发，她越发确定，自己真的很笨，无论怎么努力都弹不好钢琴。

当孩子的行为目的是自暴自弃时，家长的指责与催促会让他更加消极、想逃避。像贝贝这样的例子，在生活中有很多，无论是练琴、书法、绘画，还是写作业、体育运动、人际交往等，很多孩子就是非常笃定地相信自己做不好。

一个朋友跟我说起她儿子的书写问题，因为孩子长期以来遭到老师和家长的否定，后来尽管尝试了很多办法，但孩子在书写方面几年来几乎没有进步。他从来不主动在作业本或卷子上写名字，因为他觉得自己的字是全班最差的，就算不写名字，老师一看他的字也知道是他的。

我中学时有个朋友，偏科特别严重，数学成绩很差，我记得那时她常常跟我说："我妈说我随她，没数学脑子，我一看到数学，脑子里就一片空白。"我至今记得她做数学题时的样子，呆坐在那里，半个小时都写不出一个字。

还有个朋友跟我说，她小时候本来很喜欢跳舞，有一次参加学校的表演，身为学校老师的妈妈看完表演后，笑话她笨笨的，跳得像只小鸭子。妈妈可能只是开个玩笑，她却当真了。从此，她再也不参加学校的演出，觉得自己真的不是跳舞的料。

几乎每一个自暴自弃的孩子，都跟老师或家长的打击有关系。当孩子做得不够好的时候，成人很喜欢轻而易举地给孩子贴标签：你就是这样的，你在这方面随我，你没天赋，压根儿就没这方面的细胞，你先天笨拙，只能靠勤奋来补……这无疑让孩子更加确定自己做不好。成人喜欢用惩罚、指责的方式去帮助孩子改正错误，对此正面管教创始人简·尼尔森说：“我们不知道从哪里得到这样荒诞的想法，想让孩子做得更好，必须先让他感觉更糟糕。孩子感觉好时，才会做得更好。”

自暴自弃的孩子，感觉是非常糟糕的，他们感受不到自己的价值，也找不到自己在家庭或集体中的位置，觉得放弃才是唯一的出路。这个时候，家长需要真心地去爱这个孩子，不放弃孩子的成长。家长需要花更多的时间与力气去训练孩子，把任务分成细小步骤，简化任务，让孩子感受到哪怕一点点的成就感。表达对孩子能力的信任，关注孩子的优点，停止所有的批评，鼓励哪怕一点点的积极努力，教给孩子有效的技能，示范给他怎么做，但是不要代替孩子去做。

鼓励是给予自暴自弃的孩子最为营养和有效的“良药”。一个行为不当的孩子，是一个失去信心的孩子，鼓励会让他重新恢复信心，激发兴趣，帮助孩子感受到爱与价值感。

寻求关注、挑战权力、报复、自暴自弃，这4个行为目的看上去是层层递进的关系，但也可能在一个孩子身上同时发生。要清楚地分辨出孩子的行为目的，不是一件简单的事情，但只要家长愿意改变，愿意去看见孩子行为背后的真正需求，你与孩子的关系就前进了一大步。

有一首诗是这样写的：

如果孩子总是来打扰你，那是因为你和他的身体亲密度不够，他渴望你的触碰；

如果孩子撒谎，那是因为你曾对他犯的错误反应过度；

如果孩子不够自信，那是因为你给他的建议多于鼓励；

如果孩子不会为自己坚持，那是因为你总是在公共场合训斥他；

如果你什么都给孩子买了，他还是去拿那些不属于他的东西，那是因为你从来不让他自己选择想要的东西；

如果孩子表现很懦弱，那是因为你总是马上给予他帮助；

如果孩子很爱嫉妒，那是因为你总是拿他与别的孩子进行比较；

如果孩子很容易发怒，那是因为他只在做错事时才得到关注；

……

这首诗说明了一个问题——孩子所有问题的根源都在于家长自己。如果家长明白这一点，孩子的不当行为或许就会成为一个机会，让你和孩子恢复良好的亲子关系，让你能够真正地看见孩子、接纳孩子、信任孩子。

正面管教工具

破解密码

当孩子感受不到归属感与价值感时，他很可能做出一些不当行为。久而久之，他就形成用错误的方式来获得归属感和价值感的信念——除非大人可以破解其中的密码，去探寻孩子行为背后的信念到底是什么。

“改变信念，而不仅仅是孩子的行为！”多数父母不知道孩子的每个行为背后其实都有着某种信念。所以，他们总是试图去改变孩子的行为。而事实上，当孩子行为背后的信念改变后，他的行为自然就会停止。破解孩子行为的密码，能够帮助家长了解孩子行为背后的信念，以及要想孩子改变这种信念，他需要受到什么样的鼓舞。

本文讲到了破解孩子行为密码的几条线索，除此之外，还有一张“不当行为目的表”（参见《正面管教》一书），当家长找到孩子的错误目的后，就能在表格中找到相应的对策。

破解孩子行为密码的流程表：

◆ 描述孩子的一个不当行为；

◆ 确认你的感受，记住：感受仅仅是一个词；写下你的一种或多种感受；

◆ 描述针对孩子的这种行为，你通常会有什么样的反应；

◆ 进入孩子的世界，如果你是孩子，对于你所说的或所做的，你有什么想法、感受与行为？

◆ 看错误目的表的第6栏，确认孩子的需要；

◆ 从错误目的表的最后一栏选出一个建议，下次再遇到这样的挑战时，可以尝试使用这个建议；

◆ 记录你所做的结果。如果这对于纠正行为不奏效，可能是因为你的孩子在做一个新的决定。坚持使用这张流程表，直到熟练起来，慢慢地你将成为一个洞察孩子行为的专家，并善于鼓励孩子。

我把这张表格贴在家里，当孩子发生挑战行为的时候，我会走到它的面前，去寻找挑战背后的原因。在这个过程中，我不仅会慢慢冷静下来，而且会得到恰当的方法。当孩子产生不当行为的时候，透过行为的表面去找行为背后的原因，这是帮助父母找到正确应对方法的必经之路。

05

赢得孩子，而不是赢了孩子

在没有了解孩子的错误目的之前，家长的很多行为都是为了“赢了孩子”——让寻求过度关注的孩子自己多待会儿，让挑战权力的孩子放弃他的权力之争，让报复的孩子明白父母的良苦用心，让自暴自弃的孩子理解父母的无能为力。

知道了孩子的错误目的之后，我们发现，原来赢了孩子并不代表赢得孩子。因为所有的解决办法还是停留在行为的表面，并没有走进孩子的内心或了解孩子的真正需求。所以，孩子的行为会变本加厉，与家长的距离也越来越远。

如果家长与孩子陷入“谁对谁错，是否公平”的争论里，最后的结果必然是两败俱伤，一个本来很小的问题，可能会扩大成很大的问题。

豆豆进入小学后，跟爸爸的关系空前好起来。他每天都在等爸爸早点儿回家，这样两个人就可以一起玩各种各样的游戏。

一天，他们又约好，等爸爸7点钟到家后，一起去操场上打球。可是，都7点半了，爸爸还没有回来。豆豆非常生气，觉得爸爸不守信用。而爸爸呢，一边心急火燎地把工作收尾往家赶，一边想着怎么跟儿子解释。

爸爸终于在8点前赶到家，可豆豆已经听不进任何解释了，他只想着今天没时间打球了，是爸爸毁了他们之间的美好时光。爸爸虽然感到很抱歉，但也觉得自己已经以最快的速度赶回家，而且也向孩子解释了原因，还道了歉，本来工作一天已经很累了，还想要我怎么做呢？

于是，爸爸爆发了，他觉得豆豆是在无理取闹。豆豆也爆发了，他觉得爸爸有错在先，还对他发脾气。他们两个你一句，我一句，争论不休。几个回合下来，两个人都很生气和烦躁，互不搭理。

我看着老公沮丧的样子，走过去坐在他身边，跟他说："这场'战争'下来挺累的吧？你觉得刚刚谁赢了？"他没好气地说："谁都没赢。"我又问："刚刚你们你一句我一句争论不休，是不是为了赢对方呢？"他回答："对啊！豆豆有时也太不讲理了，我必须让他明白，这个世界不是以他为中心的。"我说："可是，如果以这样的方式来解决问题，就算豆豆最终屈服认错了，你觉得你赢了吗？"他想了一下，回答："没有，我心里也不好受。"

赢了孩子并不等于赢得孩子。这样的一幕，在我们的生活中常常发生。

家长总想通过控制、惩罚的方式去赢孩子，觉得只有这样孩子才会听自己的，可这种方式却使孩子成为失败者，当孩子感觉到失败的时候，他要么会反叛，要么就是盲目顺从。

如果换一种方式呢？**如果家长愿意以尊重的态度对待孩子，相信孩子有能力与大人合作，并贡献他们的力量时，家长就能赢得孩子。赢得孩子意味着孩子是心甘情愿地跟你合作的。**

要赢得孩子，家长首先要看到孩子行为背后的需求，表达对孩子的理解。在上面的案例中，豆豆之所以进行“无理取闹”，无非是因为他的需求没有得到满足，他希望得到倾听和理解，而不是爸爸的辩解。在这个时候，爸爸正确的做法是，不去辩解他今天的工作有多忙，而仅仅是跟豆豆说：“爸爸没有按约定赶回来，你很生气，也很失望。”

接下来，爸爸可以跟孩子分享自己有同样感觉的时刻，让孩子感到更加被理解：“前几天我跟一个合作伙伴约好3点见面，为此我取消了一个很重要的会议，可是我等了他一个小时后，他才告诉我来不了了。那时，我的感觉也是非常生气和失望。”这时，孩子可能会表达出极大的兴趣来，会问你：“真的吗？你也有这样的时刻吗？”当感到被理解后，他就会说出更多心里的想法。

但是，做到这两步，只是意味着我们理解孩子的感受，并不代表我们认同或宽恕孩子的行为。如果孩子确实是在无理取闹，家长的心里是有感觉的，这种感觉可能是生气、烦躁、沮丧、受伤、失望等。所以，赢得孩子的第三步，是把真实的感受告诉孩子：“当你用力推我，对我大喊大叫，怎么也不肯原谅我的时候，我也觉得很沮丧。我在回家的路上就已经很不安了，想着我可以做点儿什么来弥补你，可是你的举动让爸爸不知道该做什么。”

虽然这一步当中有辩解的成分，但如果父母真诚而友善地完成了前面两个步骤，孩子此时是愿意听你说的。然后，父母就可以和孩子一起关注于解决问题了。事情已经发生，爸爸已经迟到一个小时到家，争吵下去没有意义，那么在接下来的时间里，可以做些什么呢？当下次再有约定的时候，怎么才能做到不失约，或者碰到有紧急事情时，该怎么处理？

关注于解决问题，不仅能让父母和孩子从负面情绪和互相推卸与追究责任中跳出来，还能让孩子在这个过程中学会与父母合作，找到解决问题的方法。

赢得孩子，而不是为了赢了孩子；关注解决问题，而不是追究责任。当父母朝着这样的方向努力时，就会发现，很多以前看起来无比困惑的问题就变得不那么严重了。因为我们不是让自己陷在过去的泥潭里，不是消耗巨大的精力却与正确的方向背道而驰，而是跟孩子一起着眼于未来，关注于问题解决。

正面管教工具

赢得合作的4个步骤

赢得孩子，而不是赢了孩子，是正面管教中一个核心的理念。当家长与孩子产生冲突时，大多数家长的做法是为了赢得与孩子的“战争”，而非赢得孩子的尊重、信任与爱。

看上去家长似乎通过控制的手段赢了孩子，其实输掉的更多。一方面，控制并非一件容易的事情，需要不断地耗费精力，家长需要随时对孩子的行为保持警惕，并随时注意奖励孩子的好行为，惩罚他的坏行为。一旦家长不在孩子的身边，家长就会担心孩子到底做得好不好。另一方面，家长的控制意味着孩子权力的丧失，导致孩子没有机会去发展通往成功的品格与能力。

与孩子进行共赢的合作，与孩子拉近距离、取得信任，这是解决问题的前提和基础。当孩子感受到尊重与信任时，他就更愿意对父母敞开心扉，更愿意合作。赢得合作的4个步骤是：

◆ 表达对孩子感受的理解，并跟孩子核实你的理解是对的。“我看得出来，爸爸没有按约定赶回来，你很生气和失望。”

◆ 表达对孩子的同情，告诉孩子：你的感觉没有错，但是你的行为是不被允许的。你还可以告诉孩子，你也曾有过类似的感受或行为，即分享自己有同感的时候。

◆ 告诉孩子你的感受是什么，如果你真诚而友善地进行了前面两个步骤，在这个时候，孩子是愿意听你说的。

◆ 让孩子关注于解决问题。问孩子对于避免将来再出现类似的问题有什么想法，跟孩子一起头脑风暴，如果孩子没有想法，家长自己也可以提出建议，直到双方达成共识。

CHAPTER 04

认识错误，错误意味着机会而不是失败

打击与批评只会让孩子把注意力转移到如何承受与逃避惩罚和责难上去，而父母的理解、支持与帮助，却能让孩子感受被原谅的放松，从而能够专注于错误本身，学习到解决问题的方法。

导读

错误是孩子成长过程中宝贵的财富

在大多数父母的字典里，错误是不可以原谅的。我们的成长经历告诉我们，错误意味着你真如父母口中所说的那样胆小、笨拙、粗心，也意味着你不够认真，不够努力，所以必须受到惩罚，必须吸取教训，以避免再犯。

当有了孩子以后，我们小心翼翼地为孩子保驾护航，避免他们走弯路、犯错误。当孩子有一点点迟疑，我们就赶紧告诉他应该怎么做，我们热衷于为孩子传授经验，并把自己的经历告诉孩子，好让他不要犯同样的错误，好让他轻松顺利地过好这一生。

然而，孩子并不是从“爸爸妈妈的话”里获得成长的，他们通过双手去触摸，通过眼睛去看，通过身体去感知，通过一次又一次的犯错，从体验中得到学习。错误对他们来说是一个个机会，通过这些机会，他们知道什么是对、什么是错，什么可以做、什么不可以做。

如果在犯错的时候，父母用批评、打击的方式去对待孩子，那么孩子学到的就是自卑，他会认为“对，我就是一个这样的孩子”；或者会在犯错后隐瞒错误，逃避惩罚，甚至干脆不敢去尝试，以避免再次犯错。

如果在孩子犯错的时候，家长能够给予他支持和鼓励，告诉他犯错没关系，并通过合适的方式帮助他从错误中学习，那么错误就会变成他成长的机会。适当的挫折会让孩子更加茁壮地成长，家长的引导能够帮助孩子正确对待错误和改正错误。这样看来，其实每一次错误对孩子来说都会是人生的一笔财富。

01

跟自己和孩子坦诚相待，改变就会发生

我践行正面管教已经好多年了，如果问我最大的收获是什么，我认为是正面管教让我不再纠结于自己的错误，而是能够轻松、自由地去应对问题。因为我相信一切问题都可以得到修复和弥补，我能够接纳自己是一个不完美的人。

曾经的我跟很多父母一样，对于自己的错误久久不能释怀，我总是一遍又一遍地懊恼：“今天我怎么又对孩子发脾气了？我本来可以让这一天不那么糟糕的，明天我一定要控制好自己的情绪，做一个有耐心、温柔的妈妈。”可是，当孩子的挑战行为一发生，我就忘记了自己的诺言，对他们大喊大叫，用惩罚的方式希望他们吸取教训，变得更好。但事情只会越来越糟糕，孩子的行为没有变好，我自己也越来越无法接纳自我。我像是陷入一个泥潭，越是挣扎，就陷得越深，不知道该怎么办才好，我对自己失望透了。

后来，我从事家长培训和亲子写作，跟广大的父母分享育儿心得，开

办家长课堂，到全国各地做公益讲座，我教家长如何用不惩罚、不娇纵的方式积极有效地管教孩子。“教”是最好的学习方式，有很长一段时间，我觉得自己已经“活出”了正面管教的理念，把正面管教的理论与方法跟自己融为一体，我在举手投足间都能够做到尊重与鼓励，能让孩子感觉到爱与价值感，并让他们发现自己的能力。

可是，也正因为如此，我更加认为自己不能犯错误，因为如果连老师都犯错误的话，哪里还有资格教别人呢？当我发现自己有这样的想法时，错误反而更加频繁地发生。而当我放下这些想法，接纳自己的不完美，错误反而很少发生了，并且我能把错误当成学习的机会，让自己和孩子都从中得到成长。

小福一直以来都是家里的“开心果”，作为家里的老二，因为有哥哥做榜样，他无师自通地学会很多事情，让我们很少操心。他也很有规则意识，讲道理，很少带给我们挑战。直到4岁半左右，他突然变得特别爱计较。如果别人不小心碰了他或惹了他，他必须让别人加倍偿还才觉得公平。但是作为家里最弱小的他，这样做的结果往往导致他遇到更大的挫败。所以，他常常大发脾气，以摔东西、撕书、打人的方式进行报复，损坏物品，也伤害他人。

作为一个学习儿童心理学多年的妈妈，我知道他行为背后的信念是：我在这个家里最小、最弱，我只有变得比你们更厉害，才能在这个家里找到自己的位置，才会感觉到自己的价值。

然而，因为我对管教孩子的效果有所期待，一旦事情没有朝我所预期的方向发展，我就会感到沮丧与恼怒，然后又变成一个大吼大叫的妈妈。而每当这时，小福就会又委屈又生气地说：“妈妈，你又这么大声吼我，每次你都这样！”让我无言以对。

有一天，一个学员在课堂上很犀利地问我：“你对孩子发过脾气吗？”我犹豫了一下，回答：“我当然发过！”学员们笑道：“你这么温柔的人也会发脾气吗？很难想象你发脾气的样子。”我笑着回答：“怎么不会呢？我从小就不是一个脾气很好的人，我发脾气的样子非常恐怖。”

说着说着，我突然感觉自己被打开了，我跟他们分享了这段时间以来自己的心情。我说：“我这几个月发脾气的次数，比这几年加起来的还多。我曾经想过，我自己都做不好，还怎么给你们上课。但是这一刻我明白了，我们都是不完美的，只有接纳自己的不完美，才能更好地在不完美的路上前行。”

学员听完我真诚的分享，并没有笑话我，反而跟我说他们的内心拥有了更大的力量。原来看起来那么“神通广大”的老师，也有情绪失控和无助的时候。因此，他们对自己也有了更多的接纳与宽容。

不久，因为一件小事，我跟小福之间又发生了冲突。我想提醒他吃饭的时候不要到处乱走，而他觉得我在责备他，他一扭身，说：“妈妈，你又说我，我不吃了。”我当时真的没有责备他的意思，于是我解释道：“妈妈只是提醒你，如果你实在不想吃，可以离开椅子，我帮你把饭收起来吧。”他听后，立马又回到椅子上：“我要吃，你这是惩罚，你是在对我‘负面管教’！”

每当这个时候，我都觉得又好笑又好气，孩子们知道我的职业，所以常常把他们不能接受的管教方式称为“负面管教”。好吧，那你就好好吃吧！可是，他一边吃，又一边用脚在桌子底下踢我。据我对他的了解，他是因为觉得刚才自己吃亏了，所以得踢几脚还回来。我避让了几次，试图不引发冲突，但是当他最后把碗也打翻的时候，我终于忍不住了！

我说：“你闹够了吗？今天是你故意把碗打翻的，所以你今天不能吃饭了！”他愣了一下，然后理直气壮地说：“不吃就不吃，我正好不想吃！”然后，就向卧室走去。在他关上房门前，我抓住了他，正想发作，他来了一个先下手为强："你又准备吼我了，你每次都这样。"

这时，我想起自己在正面管教课堂上说过的话。我冷静下来，抱着他，对他说："是的，你很不喜欢我这样，对吗？妈妈也不喜欢这样，我想像以前那样，我们俩都开开心心地在一起，很亲密、很有爱。但妈妈也不是完美的，当妈妈生气的时候也会发脾气，当碰到你损坏东西、打人时，我不知道该怎么办才好。但是妈妈在努力改进，刚刚你在桌子底下踢我时，我都没有生气，所以，让我们一起进步，好吗？"

说完这句话，我长出一口气，本来剑拔弩张的小福，突然放松地躺在我怀里，委屈地哭了起来。我抱着他，堆在心头很久的压抑感突然消失了。我发现，当我愿意跟自己、跟孩子坦诚相待，愿意去承认自己的无能为力，愿意跟孩子修复关系做出弥补时，事情的发展就出现了转机，而不是进入死胡同。

过了几天，同样的场景又在家里发生了一次。小福因为生气，又不小心打翻了碗。我对他说："你刚刚觉得不公平，所以想报复一下妈妈，本来没想要把饭碗打翻，对吗？你觉得现在可以做些什么？"他回答："我去拿扫把扫一下吧！"没有冲突，没有发脾气，打扫完后，我重新盛了一碗饭递给他，他说："妈妈，我记得我们的约定，吃完饭才能离开椅子。"

现在小福爱计较、爱发脾气的情况改善了很多，但我一直在告诉自己：我要继续接纳自己的不完美，继续与自己、与孩子坦诚相待，和孩子一起进步。我会在自己和孩子都很生气的时候，跟孩子说："妈妈在努力让自己冷静下来，你也跟我一起学会冷静好吗？"每当我这样说时，都感觉孩子的对抗情绪减少很多。然后，我们一起深呼吸，一起去我们布置好的安抚情绪的冷静角，孩子紧张的身体慢慢放松下来。

虽然不可避免地，有时孩子并不按照我预想的路线走，有时会给我带来更大的挑战，但是当我愿意与自己、与他坦诚相待时，我看待这一切的态度就会改变，我变得更加平和、冷静，更加愿意去接纳自己，也接纳孩子。

我更接受自己是一个分享者，而不是一个无所不能的讲师，我是在给孩子独立的生命体验，而不是去打造一个“样板”供人观赏。

正面管教工具

修复错误的4个“R”

当父母把错误看成学习的机会而不是羞辱时，就更容易让孩子对错误负责任。相反，如果家长把错误看成一件糟糕的事，就会感到不满、泄气，就会进行自我防御、逃避，从而变得苛刻或者挑剔。

父母对待孩子犯错的态度是这样，对于自己的错误，态度也是如此。**父母如何对待错误，远比错误本身更重要。孩子也会从父母身上学到对待错误的方式。**

在孩子犯的错误中，父母大都难辞其咎，孩子的很多错误是因为父母没有花时间训练并鼓励他们而造成的，因此父母常常激起孩子的反叛，而不是让孩子取得令人鼓舞的进步。所以，修复错误的4个“R”能够帮助父母接受自己的不完美，成为孩子的榜样，让孩子从父母身上看到错误是学习的好机会，然后再来一起关注于解决问题。

修复错误的4个“R”：

◆ **承认错误（Recognize your mistake）：**意识到自己在问题中的责任，任何一次冲突的产生都不可能是单方面的原因，有时仅仅是家长的态度不够好，就会引起孩子的反叛。

◆ 连接（Reconnect）：父母与孩子发生冲突后，双方的关系处于破裂阶段，纠正错误前先连接，能够让父母跟孩子心连心，让孩子重新对父母产生信任感。连接的方式可以是看着对方眼睛，扶着他的肩膀、拥抱等。

◆ 和解/道歉（Reconcile）：因为性格的不同，有的人很难说出“对不起”3个字，而有的人则喜欢过度道歉。在这里，和解或道歉要做到简单而真诚。如果父母是真心向孩子道歉，哪怕只有几个字，孩子也能感受得到。相反，如果父母不是发自内心的道歉，孩子就会觉得厌烦与不被尊重。

◆ 解决问题（Resolve）：经过前面的3步之后，就可以开始解决问题，寻找相互尊重的解决方案。如果没有经过前面3步就试图直接解决问题，你会发现障碍重重，因为孩子还处于负面的情绪当中，他感觉不到爱，从而会花更多的时间去追求爱与价值感，他不仅不会跟你说实话，他的关注点也不在事情本身，而是“我要怎么做才能让父母爱我”，或者“我要怎么做，才能逃避父母的惩罚”。

父母可以用启发式提问与头脑风暴的方式，跟孩子一起讨论怎样做可以避免类似的事情再次发生，让孩子从错误中得到学习。并且父母愿意承认错误，也给孩子树立了一个榜样。让孩子知道，每个人都不是完美的，犯错没有关系，我们可以修复关系，也可以关注于解决问题。

02

千锤百炼做父母

“老师，我已经很温柔地跟孩子说话了，可他还是如此，一点儿改变都没有。”每每听到这样的话，我都忍不住担忧：积习难改，难改啊！如果父母没有一定的决心、耐心和恒心，仅仅想凭一句好话就让孩子改变，那注定不会有结果。因为父母的态度已经决定了一切。

就像很多恋爱中的女孩，会不断地问男朋友：“你到底爱不爱我？”问第一遍时，男朋友满怀深情地说：“我爱你！”问第二遍时，对方回答：“当然爱你！”到第三遍的时候，对方明显有些不耐烦，扔出一个字：“爱！”女孩不高兴了，觉得他这么敷衍，肯定不爱我。于是，再用尽各种方法，来考验男朋友对她的爱。

孩子也是如此，在与父母的相处中，他会一遍一遍地验证：父母真的爱我，哪怕我表现不好，他们也是爱我的。只是孩子验证的方式恰恰是父母所不能接受的不当行为。透过孩子让人抓狂的不当行为，看到他的真正需求，这对父母来说不是一件简单的事，需要千锤百炼，才能练就一颗

“绕指柔”的心。

前不久，发生了一件事，那一天对于我、小福和外婆来说，都是难熬的一天。在接小福回家后关门的时候，外婆不小心把小福的手指夹了，被门夹到手指有多疼，相信被夹过的人都知道。小福立刻撕心裂肺地哭起来。我看着夹得变形还有点儿破皮的手指，抱着哭得浑身发抖的小福，心里也一阵阵地疼。

我让他趴在我的肩膀上，我拍着他，安慰道：“被门夹到肯定很疼，你可以大声哭出来。”外婆过来道歉，并给他贴上创可贴。他大声地说：“你就是故意的，你给我出去，你不要在我家！”老人家其实是特别敏感的，虽然孩子说的是气话，但外婆还是很不开心地走进了厨房，我抱着孩子进了卧室。

我跟他说：“手指被夹得这么疼，你一定非常非常生气，生气到一点儿也不想看到外婆，甚至你希望外婆如果今天不在这里就好了，这样你的手指就不会被夹到了！”作为一名正面管教讲师，我常常在课堂上教家长怎么跟孩子“共情”，怎么放下已有的想法和判断，去倾听孩子，接纳孩子的情绪。

可是他完全听不见我的话，只是一个劲儿地大喊：“外婆必须现在就回家，一秒钟之内就要走！”我开始手足无措，不知道说什么好。但还是紧紧地抱着他，跟他说：“是的，你手指那么疼，你太生气了！妈妈感受到了。你愿意跟妈妈一起深呼吸吗？”

我曾经教他，在很生气的时候，可以做几次深呼吸来帮助自己平静下来。但是那一刻他什么也听不进去，而且哭得更大声了，还用脚踢身边的东西。其中有一脚狠狠地踢在我肚子上，一下子把我踢得耐心全无。我开始跟他讲道理：“你这样说，外婆会很伤心，外婆是这个家里的人，是妈妈的妈妈，你这样说，妈妈也很伤心！”我明显感觉到自己的语气里有很大的责备成分。

他还是一点儿也没听进去，干脆气急败坏地一边把拳头打向我，一边说："讨厌妈妈，讨厌妈妈！"我说："妈妈又没做错什么，为什么讨厌我？"他回答："因为你不让外婆回家！"

我看着这个小小的孩子身体里爆发出巨大的力量。我抓住他的手，跟他说："妈妈跟你说过，当你生气时，不要伤害自己，也不要伤害别人！"那一刻，我感觉自己也像一个5岁的小孩，被眼前5岁的小福逼到了墙角，无力反抗，可是我想要反抗！

我把他从床上抱起来，重重地放在地上，蹲下来扶着他的肩膀，大声对他说："小福，你要适可而止，知道吗？闹了一个中午，闹够了吗？"他转过身，一边往床上爬，一边说："你又这么大声跟我说话，每次你就知道这么大声跟我说话！"

我的心情一下子变得无比沮丧。我明明做好了千锤百炼的准备，我一次又一次地控制自己的情绪，去接纳和理解他的情绪，想办法让他学会原谅他人，反应不要太过火。我想向他表明我爱他，不管发生什么，我都会支持、陪伴着他。我也知道，他那些不礼貌的话不是故意说的，只是在发泄手指被夹之后的疼痛和委屈，生气和不公平。可是到最后，我还是从一个发誓无条件爱孩子的妈妈，变成一个也想索爱，想寻求理解与回报的5岁小女孩，我变得比小福还要小，甚至需要他的照顾。

看到了自己的需求后，我变得冷静下来。我上床抱着他，跟他说"对不起"。然后，我问他："你想不想看昨天晚上没有读完的书？或者吃一块巧克力止疼一下？"他抽泣着说："那我要全部看完！巧克力必须全部归我，还有，下午我不要去上幼儿园，明天也不去。"我说："好。"

10分钟后，我抱着他在床上看书。中间经历了因为没有找到他想要的书而继续闹了两次。读完后，我问他："想不想抱在一起躺一会儿？"他说：“好。”抱着他的时候，他因为手指疼痛又哭了一会儿，我轻轻地抚摸着他的背，让他的心情慢慢平静下来。

大概两点钟，钟点工阿姨按响了门铃，小福知道，这意味着他要去幼儿园了。他说：“那走吧？”我问：“你不想睡了吗？”他回答：“再睡就要迟到了！”

于是，就像什么也没发生过一样，我和他说说笑笑去上幼儿园。刚下过雨的天空，如同被洗过一般纯净，空气清新。我在心里感叹：“真是一个艰难的中午啊，好在雨过天晴了！”小福拉着我的手，说：“妈妈，放学回家我就跟外婆说‘对不起’，我知道她不是故意的。”我拉紧他的手，笑了。

孩子的成长，是父母的一场修行，让我们背负起一份责任，也享受一路美景。耐心、毅力、爱，经过千锤百炼，终得云淡风轻。

正面管教观点

事情在变好之前，可能会更糟糕

当家长用一种新的方式去管教孩子时，很可能会遇到这样的情况：这些看起来很科学的新方法，和之前那些简单粗暴的方法相比，似乎更加无效，因为孩子的情况更加糟糕了。他没有像家长想象的那样“听话”，家长向往的结果并没有出现。为什么会这样呢？

孩子习惯于成年人惯用的方式，哪怕这些方式对他们来说并不是有利的，但是他们驾轻就熟，知道怎么做可以得到自己想要的结果。所以，当父母使用了一种新的管教方式后，孩子会用更为夸张或更为糟糕的方式去进行试探，看是否能得到自己想要的结果。这就是“踹自动售货机效应”：当我们把钱塞进自动售货机而饮料不出来时，我们可能会又踢又打，指望机器能像我们所期待的那样把饮料送出来。

这时候，很多家长就会犹豫：我还要继续用新方法管教孩子吗？孩子的行为表现让他们感到无比沮丧，以至于他们开始怀疑自己为此做出的一切努力。**但如果所有的方法只用一次就有用的话，就不存在孩子难以管教这个问题了，不是吗？**

所以，尽管在第一次使用正面管教方法时，孩子的不良行为可能表现得更加明显，但是家长要明白，当孩子知道自己的策略不起作用之后，他的再次试探，不过是为了确认是否真的不管用。只要父母坚持不懈地使用正面管教方法，孩子不良行为的强度将会逐渐减弱，再次出现不良行为之前的平缓期也将越来越长。

03

确保把爱的信息传递给孩子

没有父母会否认自己对孩子的爱，以及孩子在家庭中独一无二的位置。但是我们一定很难想到，孩子从出生起就开始寻求一些问题的答案：在这个家，我是一个什么样的人？我通过什么样的方式才能成为其中的一员，并占有一席之地？家里的大人是否爱我？

当然爱他！这是显而易见的事情，但为什么孩子会有这样的想法呢？因为一方面，他们做着这个世界上最为敏锐的观察；而另一方面，他们却仅仅凭直觉而非理性思考在做出判断。可能父母只是在孩子需要他们的时候耽误了两分钟，孩子就开始“胡思乱想”，认为父母不爱他、不理他，只顾忙自己的事情，觉得自己不重要，所以必须要做点儿什么来吸引父母的关注，而且要再次证实一下刚刚的想法是否正确。

然而，父母对孩子的这一系列心理活动并不清楚，其实连孩子也未必清楚自己的真实想法，他只是凭直觉在行动。于是，当孩子不断地在房间发出各种声音，做出破坏举动时，父母用尽各种方法也无法阻止他。父母觉得无比沮丧，他们想：“我确信这些方法是科学的，我花了那么多时间来学习这些养育孩子的方法，曾经还奏效过，为什么这一刻却一点儿用也没有呢？”

这是很多父母的困惑，也是很容易被忽略的部分：我们懂得方法，也爱孩子，可是当问题产生时，我们运用了方法却没有把爱的信息传递给孩子。**当孩子感觉不到爱时，他的精力就集中在寻求爱和关注这件事上，而不是跟家长一起合作，所以这些方法就会失去作用。**

曾有一位为孩子写作业、背书抓狂的家长向我咨询，她说：“因为作业这件事，我跟孩子的关系已经发展到剑拔弩张的地步，只要我走到他房间的门口，他就会伸出手，说：‘你出去，我自己会写，你不要过来。’”我问：“你为什么会抓狂？”她回答：“因为我希望帮助他，如果我不管，他的作业总是拖到很晚才写，而且写得乱七八糟，错题、漏题比比皆是。老师第二天会批评他，他肯定感觉尴尬又难受。而且，久而久之，他很可能会失去上学的信心，他现在已经对学习很排斥了。”我又问：“你为什么对孩子写作业这件事那么关心？”她大声回答：“因为我爱他，我希望他的一生不要因为小时候学习不好而失去很多机会。”我继续问她：“那你觉得他感受到你的爱了吗？”她停了一会儿，眼泪突然唰唰地流下来。

她告诉我，每次一到孩子写作业的时间，她就开始烦躁和焦虑，她总在不断地批评与指责孩子：这里写得不好，那里怎么又错了。她一遍又一遍地要求孩子在睡觉前把课文背下来，哪怕到了12点也不放过他。甚至有一次，她一生气把孩子的作业本撕碎丢进了垃圾桶，孩子哭完后，又要求他重新写了一遍作业。

这位妈妈的心里充满了悔恨，我扶着她的肩膀，轻轻地说：“我相信你已经知道怎么做了。”她上过我系统的正面管教家长课程，知道如何运用正面管教帮助自己从错误中恢复，并赢得孩子的合作。

第二天，孩子放学回到家，照例坐在沙发上开始看课外书。这位妈妈没有像往常那样对孩子左看右看不顺眼，也没有在5分钟之内就开始催孩子去写作业，而是递给孩子几块巧克力，跟他说："上学一天累了吧，吃点儿东西休息一下。"孩子很疑惑地看了她一眼，没说话。她说："在写作业这件事情上，妈妈做错了，不应该那么逼你，希望你原谅我。"孩子还是不说话。妈妈继续说："妈妈知道，你也想把作业写好，只是有时做不到，对不对？从今天开始，妈妈不批评、不指责，也不强迫你。你愿不愿意跟我一起制订一个计划，由你做主，妈妈不干涉。如果你需要我的帮助，我就第一时间出现；如果你不需要我，我就不过来。行吗？"孩子怀疑地说："你能做到吗？我做错了你也不发脾气吗？"妈妈点了点头，心里却一阵阵地难受。她知道，她跟孩子之间已经积累了太多矛盾与不信任。她后来对我说："那一刻，我只想让孩子感觉到我的爱，就像小时候一样，对我百分百地信赖。"所以，她很肯定地告诉孩子，一定会遵守自己的约定，并且又跟他真诚地道了一次歉。

孩子明显地减少了对抗的情绪，说了一句让她既感动又心碎的话："没关系，妈妈，我知道你也是恨铁不成钢。"当孩子对自己失去信心的时候，如果家长还是以大喊大叫、批评与打压的方式去对待孩子，对孩子是多么大的伤害啊！

后来，在孩子写作业这件事情上，这位妈妈所做的就是让孩子明白：妈妈爱我，远远胜过爱我的作业；她关心我，而不仅仅是关心我的作业有没有做好。当妈妈把爱的信息传递给孩子，在帮助孩子写作业这件事情上，就取得了积极的效果，也收获了更多的快乐。

通过这个案例，我在养育自己的两个孩子时，也特别注意在纠正错误前先把爱的信息传递给孩子。我常常会蹲下来，平视孩子的眼睛跟他们说话；我会为自己的行为道歉；会跟孩子请求一个拥抱，让我们的心重新连接在一起；会闭上自己的嘴巴，先听孩子说完，再表达我的观点；我绝对不跟孩子说“我早就告诉过你了”这样的话去责难、羞辱孩子，我会尽量控制自己的情绪，在冷静下来之后再跟孩子一起解决问题……

我一直相信，孩子的很多不良行为都是由大人引起的，当大人改变自己的做法后，孩子也会跟着做出改变。有时，仅仅是父母的态度改变，孩子就能感受到你的变化，当家长愿意去传递爱时，就意味着你看待问题的角度不一样了。你会变得更愿意接纳孩子，给予孩子支持与帮助，鼓励他与你达成合作。而孩子也愿意敞开心扉去接纳父母，去正视正在发生的事情，并从中得到学习。皆大欢喜的结果，何乐而不为呢？

正面管教工具

先连接，再纠正

来看这样一个场景：孩子把花瓶打碎了，非常害怕地站在那里。妈妈蹲下来，扶着孩子的肩膀，问他：“你想跟我说些什么吗？”孩子迟疑了一下，说：“妈妈，你还爱我吗？”孩子的话让妈妈感到很震惊。她从来没想过，孩子担心的不是惩罚，而是妈妈爱不爱他。

孩子做错事情的时候，其实心里是很内疚的，他希望父母能以怜爱与包容之心对待他，能够理解他、抱抱他、心疼他。这是孩子在犯错之后最想要的安慰方式。

孩子要求你买一件喜欢的玩具，你不买他就哭起来，你跟他说：“我爱你，但答案是‘不行’。”孩子考试没考好，你跟他说：“对我来说，你远比分数重要，你觉得分数对你来说意味着什么？”你跟孩子之间经历了一场冲突后，你告诉他：“我爱你，相信我们可以找到相互尊重的解决办法。”

以上这些处理方式，不是急切地去解决问题，而是先确保把爱的信息传达给孩子，跟孩子之间建立起亲密和信任的联系。当父母和孩子之间有这种连接的时候，孩子就会明白，你不会因为某件事或他的某个缺点而不爱他，你对他的爱是无条件的。那么他在犯错后，就愿意和你一起去寻找解决问题的方法，而不会把注意力放到如何逃避惩罚上。

如果试图跳过“连接”这一步，在双方的连接已经断开的情况下去解决问题，就很可能陷入互相伤害与指责当中。

传递爱的信息的6种方法：

- 经常花时间蹲下来，和孩子的视线处在一个水平线上；
- 先听孩子说，然后你再说；
- 认同孩子的感受，不要急于帮忙和救援；
- 当孩子体验选择的后果时，家长要给予他支持，而不是雪上加霜；
- 允许双方有一段时间的冷静期，然后再专注于解决问题；
- 拥抱孩子。

只有当孩子感觉到归属感与价值感，正面管教工具才能起作用。请确保把爱的信息传递给孩子，在改正错误之前先连接。

04

孩子只是犯了错，他本身并不是个错误

一个朋友告诉我，她有很厉害的强迫症，每次出门前总是要反复检查家里的煤气是否关掉，有时出差在外还会突然从梦中惊醒，然后打电话给物业，让对方帮忙检查煤气。她为此感到忧心忡忡，不明白自己为什么对自己那么不放心。

我咽下嘴边的那句“我也这样，只是没那么严重而已”，继续听她说。“小时候，家里还烧蜂窝煤，我每次睡觉之前都要换一个新煤球，然后把火封上，以保证第二天早上起来炉子里还有火。我妈妈让我负责这件事情，可是我几乎每天都忘，我是不是天生就是一个忘性大的人？”

我问：“你的父母是怎么看待这件事情的？”

她回答：“当然是骂一顿或打一顿，多难听的话都骂过，说我不长记性，这么简单的事情都记不住，天天就知道吃，在家里就是一个废物！久而久之，我就相信了。对，我就是一个健忘的人，是一个废物，什么事情都做不好，或许我的存在就是一个错误。”

我抱了抱她，跟她说："以后你要告诉自己，你只是犯了一个错误，你本身并不是个错误。每个人都会犯错，犯错是可以被原谅的，以前父母不原谅你，但是现在你可以试着原谅自己。"

犯错是可以被原谅的，不知道有多少人要经历大半生才能明白这句话，甚至终其一生都不会明白，最终带着深深的内疚与负担而去。因为我们从小到大就是这样在批评与指责当中长大的。你犯了一个错误，就意味着你不听话、不长记性、不聪明、不负责任，意味着你是叛逆的、愚蠢的、没用的、不可被相信的。然后，这样的标签内化到你的心里，让你觉得自己的存在就是一个错误。

同样的案例，在我做"错误访谈"的课堂上，比比皆是。

一个学员在小时候因为不小心掉入一个正在卸货的沙坑里，眼看着一大卡车的沙子就要将自己掩埋，她的内心无比害怕，充满了对死亡的恐惧。幸好在最后一刻，她被司机发现，司机将她救了出来。她脱离了险境，顶着一头一脸的沙子回到了家。妈妈见到她之后，劈头盖脸就是一顿打骂，说："又跑哪儿疯去了？弄得这么脏，你怎么这么不讲卫生！"

我都有生命危险了，你竟然还说我不讲卫生！我当时那么害怕，回到家里还要面临更大的害怕——家长的辱骂与暴打！

暴打几乎是我们小时候犯错后必然的经历。孩子不小心掉到水坑里，冷得发抖，回到家后妈妈把他暴打一顿，以为他又去玩水了；孩子打破了妈妈一个很贵重的手镯，妈妈回到家，把他暴打一顿，说他不应该玩这么贵重的东西；孩子把学费攥在手里，走着走着弄丢了，回到家后被暴打一顿，并受到威胁：今年你就不要去上学了；孩子被同伴打了，挂着伤哭着回家，本来想寻求安慰，爸爸却不分青红皂白把他暴打一顿，觉得他这么小就打架，长大后岂不是要去斗殴了！

那个不小心掉进水坑被打一顿的孩子，后来一到河边，就要玩到天黑才回家。他一边玩，一边想："先玩了再说，大不了回家被打一顿。"

那个打破妈妈手镯的孩子，被打一顿后，松了一口气，原本一直惴惴不安等着妈妈回家的那颗心突然放松了："我打破了你的手镯，你打了我一顿，我们终于扯平了！"

那个丢掉学费的孩子，小心翼翼地拿着父母重新给他的学费，耳畔一直萦绕着父母的威胁："这次再丢，你这辈子再也别想上学了！"他把钱捏得紧紧的，以至于手心都冒汗了。那条从家到学校的路，是他一辈子走过的最长的路。

那个自己被打还被爸爸打一顿的孩子，在心里暗暗起誓："这辈子，我哪怕被别人打死，回家也不会再哭了！"

我们这一代就这样"被坚强"地长大了，我们看上去扛得住骂，也扛得住打，是坚韧的一代。可是，很多人的内心却脆弱无比。他们不敢犯错，不敢去尝试困难的事物，因为这样就能避免惩罚与责难。他们犯错后不肯原谅自己，哪怕独自背负着沉重的负担，也不敢让别人知道。那些成长记忆中的恐惧、害怕、委屈，那些不公平、不理解、不被尊重和不被重视，对他们而言，就是重重的打击与伤害，让他们没有安全感，不会自我接纳，也不敢冒险，不敢轻易尝试。而且他们把这种深恶痛绝的教育方式，又悄无声息地传递给孩子……

我常常收到这样的咨询：

"今天孩子在学校又打人了，接完老师的电话，我火冒三丈，走进儿子房间，一把把他从椅子上揪起来，大声质问他：为什么又打人？他吓得大气不敢出，缩成一团，不说话。看着他的样子，我的心都碎了，我不想对他这么凶，可是'不要打人'这句话我已经说过100遍了，为什么他就是不听？"

"每天女儿写作业的时间都是我最抓狂的时候。一年级那么简单的数学题，她怎么也学不会。我刚刚告诉她‘3+8=11’，可是一转眼，对于‘11−8=？’这样的问题她却不会算了。我使劲克制自己不跟孩子说‘你怎么那么笨’，可是我的一举一动都让孩子相信，她自己就是个笨蛋。她现在对数学一点儿兴趣也没有了。有一次，她的数学卷子上没写名字，问她原因，她说，反正我总是最低分，不写名字老师也知道卷子是我的。她这样自暴自弃，我真的一点儿办法也没有了。”

这样的情景，几乎每天都在生活中发生。孩子的错误对家长来说意味着什么？不听话、不懂事、笨、坏、无能、没出息……或许有的家长不承认，但仔细想一想，你为什么那么生气与失望，不就是因为孩子没有达到你期望中的“乖巧、懂事、聪明、可爱、有出息”吗？

当孩子没有达到父母的期望时，父母的压力与烦恼倍增，瞬间失去理智，习惯用惩罚的方式对待孩子，希望他们能吸取教训，下次主动变好。可是，我们却忘了两件非常重要的事情：一是告诉孩子“没关系”；二是告诉孩子怎么做。**只有让孩子知道他可以被原谅，他才不会纠结于错误，而是向前看；只有给予孩子适当的引导和帮助，他才能从中得到经验，知道下次应该怎么做。**

原谅孩子与帮助孩子，是为人父母最基本的工作，却常常是我们最容易忽略的。责备与批评，是父母最不应该做的事，我们却乐此不疲。

其实换一个角度来看待错误，你就会发现，其实每一个错误都是一次成长的机会。喜欢打人的孩子，父母可以帮助他从中学习如何与人合作，如何处理矛盾，如何正确地沟通；喜欢拆玩具的孩子，父母可以培养他热爱钻研的习惯，同时让他学习如何变废为宝，而不是破坏东西；数学不好的孩子，父母可以让她学会自我接纳，发现其他方面的优点，或许将来她是一个内心安静又坚强的女子。关键在于父母用什么样的态度与方式去对待孩子的错误。

打击与批评只会让孩子把注意力转移到如何承受与逃避惩罚和责难上去，而父母的理解、支持与帮助，却能让孩子感受被原谅的放松，从而能够专注于错误本身，学习到解决问题的方法。

我想起家长课堂上一个让我感动至深的故事。一位学员小时候带着妹妹在水库边上玩，路边放着一辆大推车，她把妹妹放进推车里推着玩。结果推着推着，她没了力气，一脱手，推车带着妹妹沿着水库的斜坡冲了下去，伴随着周围众人的呼叫声，推车重重地摔在坡底，妹妹受伤了。大人把她和妹妹送回了家，她一路上都在想，回家妈妈会怎么骂她、打她，她该怎么认错。

可是到家后，妈妈反而先抱了抱她，说："没什么，你一定也吓坏了吧！妹妹没事就好。"她说，那一刻，掩藏在她心底的害怕突然一下子释放出来，她号啕大哭。那一刻被理解、被宽容、被无条件爱着的感觉，被她一直记在心里，成为她前行的力量。

如果一个孩子犯了错，不小心弄坏了一件东西，让人受了伤，没有控制好情绪打了别人……父母能跟他说："没关系，我知道你不是故意的，让我看看我可以怎么帮你？"我相信，孩子一定会敢于面对错误，敢于接受挑战，并在一次又一次的错误中学习到宝贵的人生经验与技能。

面对孩子的错误，家长不要轻易地爆发，而是冷静之后告诉自己：他只是犯了一个错，他本身并不是个错误。

正面管教工具

认识错误

回想起我自己小时候的经历，每当犯了错误，我即将面对父母时的心情都是忐忑、担心、害怕，因为我等来的大多是数落、说教、惩罚，甚至还有羞辱。

我们从父母给予的那些错误的信息中，看到最为差劲的自己，并因此而否定自己，导致自己在某些方面变得特别敏感，在某些做法上偏离自己的内心，甚至牺牲自己去讨好他人。

每个人成年后的所思所想，大都基于儿时的经历所带来的影响。有的人很不自信，在公众场合特别紧张；有的人在某些方面习得性无助，觉得自己就是不行；有的人需要不断地向别人证明自己的价值；有的人犯错从来不敢承认，而是选择逃避或撒谎。

父母或者老师可能从来没想过，自己当时“激励”孩子的那些话，怎么会给孩子造成那么深刻的负面影响。等我们自己做了父母，虽然还记得当时父母带给我们的伤害，但是由于恐惧，不知道自己的孩子犯下的错误会给他带来怎样的后果，所以我们往往重蹈覆辙，用让孩子感觉不好的方式去“激励”他，希望以后做得更好。

这是一个很荒谬的想法，感觉不好时，怎么能做得好呢？而且以前所犯的错误，已经是过去的事情，我们需要做的是面对未来，改正错误，并从中学习。**一个安全的，可以让孩子认识到错误的价值并得到学习的环境，对于孩子的成长来说尤为重要。**

首先，家长应该用同情与和善去回应孩子所犯下的错误，而不是羞辱、抱怨或说教。

其次，在合适的时候，家长可以使用启发式问题，帮助孩子探索错误的后果，比如：你觉得我们从中得到了什么？需要注意的是，在这里用的是“我们”而不是“你”，这样的说法能让孩子感觉父母和他站在一起，会和他一起面对问题。

最后，父母可以选择一个时间，邀请家里的每个人分享自己当天所犯的错误，以及从中学到了什么。这样，孩子就没有心理负担，能够真正学会面对自己的不完美，学会微笑着面对错误，并从中学习。

05

不指出孩子的错误，他也能进步吗

在教育孩子的过程中，父母最习惯和最喜欢的做法，莫过于看到孩子做错事情就批评和纠正他。因为我们认为，只有让孩子意识到错误并改正，他才能进步。

曾经我对豆豆也是如此。豆豆刚上小学时，字写得一塌糊涂，不是缺胳膊少腿、东倒西歪，就是卷面弄得一团黑。我守在旁边，心急火燎地不停念叨：“这个字应该上横长下横短，这一竖太偏了，你怎么把两个字合并成一个字了呢？专心一点儿啊！”可是，我的念叨一点儿用都没有，他同样的毛病持续了近一个月。我简直要抓狂了，豆豆也爆发了，他朝我大喊：“妈妈，你不要总在我旁边念叨，我都烦死了！”

我被他的样子吓住了。豆豆接着说：“我知道哪里错了，也知道哪个字写得不好，你不说我也知道。但是你一说，我就不想改了，因为我的心情很不好！”

“为什么心情不好？我又没骂你，只是帮你把错误指出来！”我觉得很委屈。

豆豆理直气壮地说："妈妈，你的书上不是说，做父母最大的智慧是学会闭嘴吗？你们一张嘴，孩子就把耳朵关上了；你们一闭嘴，孩子反而会把耳朵打开。"

小家伙经常偷看我的书，他学得一套一套的，让我无言以对。豆豆的这番话，让我想起自己刚学开车时的情景。

一开始，我爸爸主动说要教我开车。学了3天后，我仍然不断地犯一些低级错误。爸爸总在我耳边念叨："怎么回事？拐弯又不打灯！手怎么打方向盘的？又忘记换挡！你怎么笨成这样！"当时，我的脑子里一片空白，耳边全是他的批评与指责。我憋着一肚子火，被他骂了3天后终于爆发了，干脆把车熄火停在路边，然后炒了他的鱿鱼。

后来，我花钱请了一个陪练。还是一样的技术，但是我几乎没挨批评。陪练安静地坐在我旁边，我偶尔打偏方向盘的时候，他用手帮我掰正一点儿，或是轻声地鼓励："嗯，不错，就这样开，新手开成你这样很不错了。"

那时，我感觉自己的头脑是清晰的，会考虑自己之前哪里做得不够好，在开车的过程中会慢慢调整。在陪练的指导下，只花了不到两天的时间，我就开得很有感觉了。

原来我对待豆豆的方式，跟爸爸教我开车的方式是一模一样的。孩子本来可以专心去面对这些错误，因为我不停地念叨，他把大部分的精力都用在如何承担妈妈的责难上。如果我停止责难，给孩子一点儿时间和空间，让他自己想一想，说不定他更能意识到错误出在哪里，并找出解决办法。

想到这里，我问豆豆："你写作业的时候，需要妈妈怎么做？"他回答："我写作业时，你在旁边看书，我们互相陪伴，但互不打扰。"

我说："好，我听你的。如果你字写错或者写得不好，怎么办？"

他想了想，回答说："我写完后会对着书检查一遍，把写错和写得不好的字挑出来，再写一遍。但是——"他故意拖长了音，说，"如果我没达到你的要求，你一定要忍住！你可以在心里跟自己说：娃是自己的，娃是自己的，他做得不好都是遗传的！"

扑哧——我笑喷了！豆豆想得这么周到，我必须支持他才行。至于方法行不行得通，试试看再说吧。

于是，豆豆开始认真地写作业，我在一旁假装安静地看书，心里其实像猫抓似的，很想看看他到底写得怎么样。可他故意侧身，留给我一个冷酷的背影。我看他写得很快，写完后，他又把书拿出来对照。更正完之后，他故意大声说："写完喽，检查完喽，也订正喽，装书包喽！"我很配合地凑过去，说："亲妈还没检查呢！我保证不发脾气，也不批评指责。"我打开作业本一看：卷面干净，错字一个一个地都被订正了！虽然还是出现了字忽大忽小、不够整齐的情况，但已经没有了这里一团黑、那里一团黑的情况。

我很惊讶，问他："你怎么做到的？"豆豆回答："因为你以前老是一个字一个字地盯着我，写不好就要重写，所以我老是擦，一擦不就是一团黑吗？现在放到最后检查订正，当然就好了啊！"

这么简单的道理，我之前怎么不明白呢？后来，我又用"火眼金睛"在东倒西歪的字里挑出写得好的，对他大加赞赏："这个字写得好，这一横很平，这一竖很直！哇，这两个字的左边和右边很紧地靠在一起了！"我看到豆豆的眼里放着光芒，充满了自信。

这样过了两个星期后，豆豆的字有了巨大的进步，而我也感觉一身轻松。之前他写作业时，我备受折磨；现在我就坐在他旁边安静地看书，彼此陪伴又很享受。

通过这件事，豆豆让我明白了一个道理：当孩子不用去承担家长的责难时，就会把注意力放在事情本身，从而更愿意去改正自己的错误。即使家长不指出孩子的错误，他自己也能进步。

正面管教工具

赋予孩子自主权

正面管教，不是教父母怎么管理孩子，而是教父母怎样授权给孩子，引导孩子进行自我管理。但是很多父母不愿意授权，而是以干涉的方式介入孩子的生活中，希望减少孩子因为自己的选择而产生的不良后果。这看上去是出于好意，但由于父母大多是以过分代劳、给予太多、过度保护、惩罚、控制、说教、责备、羞辱、否定、补救等形式来帮助孩子的，因此很容易剥夺孩子体验生活、发展能力的机会，而且会让孩子失去自信、否定自己，生活在不良情绪中。

“赋予孩子自主权，是指尽快地将控制权移交给孩子，这样他们才能掌控自己的生活。授权的方式有：给予信任、尊重隐私、表达你的界限、控制好自己的行为、决定你将要做什么、和善与坚定并行、适当的放手、爱和鼓励、认同感受、关注于解决问题……”这些方式，就是我们在本书中谈到的众多正面管教工具的一部分。

世界上所有的爱都以团聚为目的，唯有父母对孩子的爱是以分离为目的的。总有一天，孩子会长大，会离开父母独自生活，不管你愿不愿意，他都会从你的手里“夺”过所有的权利，独自做出选择与决定。而赋予孩子自主权，是在孩子离开父母独自生活前必须完成的仪式。

具体地，可以通过以下的方式来赋予孩子自主权：

- 教给孩子必要的生活技能；
- 关注于共同解决问题；
- 信任孩子；
- 一步步地放手让孩子自己去尝试；
- 常用启发式的提问，比如，你感觉如何？你怎么想？这件事对你的生活有什么影响？以此来启发孩子思考，提高孩子的自我认知能力。

CHAPTER 05

放眼未来，关注于解决问题

用关注于长期效果的方式去讲规则，给予孩子权利，让他独自做出选择和决定，给予孩子尝试和犯错的机会，让他在尝试中感受事情的真正乐趣，在错误中得到真正的体验和学习。这样，孩子的内心就会获得无限自由，就会接受这个世界的不一样，并坚持用自认为正确的方式去做事情。

传统的教育方式是教给孩子不要做什么，并认为“犯错后要先受到惩罚，孩子才能有所收获”，而正面管教关注的是教给孩子应该做什么。当父母关注于解决问题，孩子就能从中得到学习，并且营造出一种安全与自由的家庭氛围。

当一件事情已经发生，如果一味地去追究责任，并通过惩罚的方式想让孩子吸取教训，只会让孩子感觉更糟糕，而且他的关注点不是事情本身，而是在如何逃避与抵挡这些责难与惩罚上。

关注于解决问题是一项非常重要的能力，它让我们从过去的束缚中跳出来，放下对犯错后的局限性反应，比如：现在我应该怎么办？别人会怎么看我？这件事我还能补救吗？我怎么会这样呢，太不应该了……如果放下这些担忧，我们就可以把精力放在如何解决问题上。在这个过程中，家长可以邀请孩子一起想办法，你会发现，孩子会带给你很多意想不到的答案。

01

为什么别人能做，而我不能

养育孩子不是一件容易的事情，一方面，他们不断地给父母带来各种各样的挑战；另一方面，父母用尽办法好不容易解决了某个问题，身边却出现一些不一样的声音和行为，让孩子感到困惑，也让家长不知所措。

为什么我不能在红灯的时候横穿马路，他却可以？

为什么我必须排队，那些人却可以插队？

为什么你让我把玩具分享给别人，舅妈却帮弟弟护住他的玩具？

为什么我在家不能看电视，齐齐却每天都看电视？

……

“为什么别人能做的事情，我却不能做？”孩子提出这样的问题，似乎是在为自己鸣不平，也是对家长的教育方式表示怀疑、感到困惑。同样的事情是不是可以有不同的标准？当外界在动摇孩子内心规则的时候，家长该怎么去引导孩子呢？

让孩子真正认可规则，而不是迫于压力接受规则

我常常听到一些父母说："孩子在家的时候挺听话的，但一到外面，或是人多的场合，我就管不住他了。"

孩子是最为敏锐的观察者，他们是察言观色、审时度势的高手。为了让自己不受到更大的伤害，他们会迫于压力去做迎合父母的事情，但在内心里，他们其实是怀疑和抗拒的。所以，当他们发现自己不可以做的事情，别人却可以做时，就会重新思索这些事情的意义，并且想办法去效仿别人的做法。这个时候，父母需要审视一下自己教育孩子的方式，是以简单粗暴的方式控制孩子，逼孩子就范，还是关注于长期效果，给孩子慢慢体验与学习的时间，让他们从内心深处真正愿意去做这件事？

如果是前一种方式，家长应对的方法无非是讲道理、命令、强迫、惩罚等，收效甚微，孩子的问题势必会反复出现。如果使用后一种方式，父母能够真正看到孩子的内在需求，愿意去理解和接纳孩子的情绪，用鼓励与支持的方式帮助孩子思考与学习。当孩子真正认可这件事，就会变得自律，不管别人怎么做，对他都不会有太大的影响。

行大于言，父母要身体力行地影响孩子

讲道理一直是千百年来父母推崇的教育方式，父母将自己几十年的人生经验传授给孩子，这似乎是天经地义的事情。可是，**孩子的成长并不是通过他人的经验来完成的，而是通过用眼睛去看、用手去触摸、用身体去感知，来得到自己的生活经验，从而获得成长。**他们是最为细腻的模仿者，父母的一言一行都被他们看在眼里、记在心里，并影响他们做出当下的决定。

因此，父母在教给孩子规则的时候，其实不需要讲太多，用身体力行

的方式去影响孩子就可以了。这样孩子才会把规则内化，本能地去遵守并且相信它就是对的。面对外界不一样的声音或行为，他们也许就会一笑了之。如果孩子产生了怀疑，父母可以继续用行动告诉孩子，不要去理会别人，只要自己认为是对的，就应该去遵守。

一个朋友给我分享了一个她小时候的故事。有一年，一辆装满梨的货车翻倒在村边的马路上，村里的居民都一哄而上去抢梨。在那个年代，吃到梨是很不容易的事情，她也想去抢，但是爸爸制止了她，跟她说："不是自己的东西，我们不能要。"她说："为什么别人可以抢？"爸爸回答："别人做的是错事，我们也要学吗？"虽然爸爸的道理简单粗暴，但是他淡定的眼神和坚毅的态度，在后来的人生中一直影响着她，让她成为一个坚持自己内心标准而不随波逐流的人。

建立孩子的内在评价系统，不依赖外界评价

孩子表现不好的时候就批评，表现好的时候就表扬，这似乎也是很多父母一贯的做法，他们认为这样可以鼓励孩子好的行为，消除孩子不好的行为。然而，正是因为这样一套外在评价系统，让孩子很容易关注来自外界的声音，而不是关注他们对于自身的评价。

如果孩子经常问你：为什么别人可以做，而我不能做？你就需要思考一下：孩子做事情的动力来源于什么？我是用什么样的方式鼓励孩子不断进步的？

当孩子做得不好的时候，比如，不写作业就要看电视，在人多的场合控制不住自己，看到别人插队自己也没耐心排队……父母要先试图去理解和接纳孩子，并用支持与鼓励的方式让他从错误中得到学习。当孩子做得好的时候，父母不要空洞地夸孩子"听话""能干"，给他贴满正面标签，而是去肯定孩子为此付出的努力，看到他的每一个细节。比如，你可

以说："妈妈看到你一直在耐心地排队，看到有人插队时，你还清楚地表达了自己的观点和需求。"这样的鼓励不仅会让孩子明白什么是对、什么是错，而且也增加了他内心的力量，让他学会做真实的自己，听从自己的需求，不依赖外在的评价，形成自律的品格，在没有任何人看到或没有惩罚、奖励的情况下，仍然愿意坚持自己的原则，能够以积极的态度去承受痛苦，解决问题。这才是家长教给孩子最有意义的事情。

用关注于长期效果的方式去讲规则，给予孩子权利，让他独自做出选择和决定，给予孩子尝试和犯错的机会，让他在尝试中感受事情的真正乐趣，在错误中得到真正的体验和学习。这样，孩子的内心就会获得无限自由，就会接受这个世界的不一样，并坚持用自认为正确的方式去做事情。

正面管教工具

避免回击孩子的顶嘴

孩子是什么时候学会顶嘴的？两三岁时，他们通常张口就会说"不"；六七岁时，他们不仅喜欢问"为什么别人可以，而我不能"，也会跟父母说"为什么你可以这样，而我不可以"；到十几岁时，青春期的孩子开启了他们的个性化进程，说出来的每一句都冷中带刺："既然你这么重视，你自己去做呀！"或是"不答应就不答应，没什么了不起！"孩子的顶嘴，让家长感觉自己的权威遭到挑战与威胁，产生了强烈的挫败感，内心受到了深深的伤害。

为什么会发生顶嘴这种情况？一方面是因为孩子的自我意识增强，他需要自己做主；另一方面，当父母不够尊重孩子时，孩子就会本能地进行反抗。

怎样在尊重孩子的基础上进行亲子沟通，并帮助孩子提高能力，是正面管教所关注的重要问题。其中一点便是，当孩子顶嘴时，家长不要和他对着干，否则就会引发更大的权力之争，甚至报复。那么，父母应该怎么做呢？

- **冷静下来。**可以使用第一章当中讲过的“积极暂停”等正面管教工具来帮助你冷静下来。
- **用平静与尊重的声音跟孩子道歉。**比如，告诉孩子：“我不想伤害你，也不想被你伤害，我们可以重新开始吗？”
- **认同孩子的感受。**比如，告诉孩子：“听起来你真的很生气。”“你伤心极了。”
- **不用惩罚的方式来取得控制权，而是采取平等、尊重的办法解决问题。**
- **和孩子分享你的感受。**比如，告诉孩子：“你这么跟我说话，我觉得很伤心，我们一会儿谈谈，你可以用另一种方式告诉我你的想法吗？”
- **决定你要做什么，而不是你想让他做什么。**比如，自己走开，不是试图控制孩子的行为，而是先控制你自己。跟孩子提前说好：当你用不尊重的方式跟我说话时，我会离开房间。
- **使用幽默感。**比如，跟孩子说：“刚刚我一定听错了，你的意思是想让我来帮你收拾一下你的房间，对吗？”

父母用这样的方式来应对孩子的顶嘴，会让孩子明白顶嘴是无效的，而相互尊重的沟通，既能使双方感觉良好，也能有效地解决问题。

02

养育孩子，其实是以父母自己的风度影响孩子

穷养还是富养，不是道理说了算

一个朋友跟我讲了他和大学同学的故事。这位朋友家境富裕，却从小就被灌输钱来之不易，人要艰苦朴素的思想，而且家庭教育非常严格，失败了不能哭，摔倒了要自己爬起来，一切以学习为重，吃得苦中苦，方为人上人。而他的同学家庭环境非常宽松，从小几乎所有要求都会被满足，从没缺过钱，父母对他的学习要求也不高，反而经常给他请假，带他去全国各地旅行。两个人最后考入了同一所大学。让朋友觉得愤愤不平的是，他和同学拥有相似的家庭条件，但他过得像苦行僧一般，而他的同学却一路轻松、潇洒自如。而且也并不见得因为他更勤奋和辛苦，他的未来就更加光明。他说自己最羡慕的，就是那位同学举手投足间透着的一种洒脱——对钱不在意，对得失不在意，而越是不在意，他得到的就越多，这是他怎么也学不来的。说到最后，他恨恨地说："我家比他家有钱，可是

我却觉得自己很穷，我的未来也会很穷。”

感觉好，才能做得好。**如果穷养的方式并没有激发孩子内心的意志，而是控制和压抑了孩子，就很难培养孩子良好的品格与技能，反而会消磨孩子的意志，甚至扭曲他的人格。**而富养如果能做到尊重孩子、了解孩子、无条件地爱孩子，就能激发出孩子的潜力，释放孩子的天性，让孩子带着爱与尊重去对待这个世界，这是让他享用一生的财富。

因此，**所谓富养，养的是情操和格局。**有很多家长认为，富养就是满足孩子的一切要求，不让孩子吃苦、受委屈，不被人比下去，把孩子放在“保护罩”里。于是，很自然地变成了过度养育。这样被养大的孩子，得到了宠爱，却失去了能力，看似被富养，实则“穷”了自己的未来。

还有一些家长，在一味追求富养的路上迷失了方向。他们坚信富养才能让孩子赢在起跑线，于是让孩子上最好的学校和培训班，买最好的玩具和衣服，节假日带孩子听音乐会、旅行，陶冶孩子的情操，增长他的见识。到头来却不知道让孩子做这些的目的何在，家长自己也忽略了自我成长，这对孩子的成长是非常不利的。

我见过一个孩子，他为人处事落落大方，但是对他妈妈却特别苛刻。在餐桌上，妈妈只是动作慢了一点儿，他就对妈妈大喊大叫。看得出来，妈妈把“好品质”教给了孩子，自己却在委曲求全。后来了解到，这个家庭百分之八十的花费都在孩子身上，妈妈节衣缩食、透支自己，把工作外的时间与精力全部用来陪孩子，完全没有个人的成长时间与空间。

事实上，父母教育孩子的过程，是以自己的风度来影响孩子。风度，才是父母教育孩子的真正内涵。**当父母先丰富了自己，才能将自己身上的优秀品质、优雅气质和正能量自然而然地传递到孩子身上，而不是像蜡烛一样照亮了孩子，却燃烧掉了自己。**此外，富养体现在经济方面，应该是一种量力而行的行为。因为只有在能够承受的范围之内，父母的付出才能源源不断地坚持下去。

当然，无论是穷养还是富养，都应该基于孩子的内心，而不是浮于形式。前不久，网上流行一篇《李亚鹏为什么能把唇腭裂的女儿教得如此自信》的文章。说到明星家庭，我们想到的可能是他们的孩子上国际学校、进高档场所、见各界名流，他们的富养是全方位的，是普通人学不来的。可是，在这篇文章里，我们却看到一个父亲对女儿的爱护、尊重、信任、鼓励与陪伴。他不是带女儿参加各种慈善宴会，而是让女儿自己决定要不要收集一些玩具，送给需要的小朋友。他在女儿一岁后每年的24个节气中，都会带她去同一个地点观察水质、温度等。比起金钱，比起漫无目的地追随潮流，比起给予孩子最好的东西，能够看见孩子、用心陪伴孩子、给予孩子无条件的爱与鼓励，这才是真正的富养。

跟孩子诉说养家的不易，不如分享努力奋斗的自豪

一次，我带孩子去挑选生日礼物，我们事先约定好礼物的价格范围。在挑选礼物的过程中，豆豆几次放下他一直想要的大火车轨道，拿起一个小一点儿的，问我："妈妈，这个大的是不是家里放不下？是不是拼的时候会很难？是不是没这个小的好玩？"他甚至问我："是不是我的表现还不值得得到这个大的？"

那一刻，我突然感觉如鲠在喉，说不出话来。豆豆明明想要那个大的火车轨道，却在为自己找各种不应该或不配得到的理由。这本应该是我来考虑的问题，作为孩子，他应该百分百地享受得到一件东西的快乐，而不是在左思右想，权衡自己应不应该得到。有时，当他在某件事情上失败或者没有得到某件东西时，会首先否定自己，觉得是因为自己不够好才不配拥有。孩子的成长，需要积极向上的力量和正面的引导，而不是这种给他带来极大负面影响的自我否定。

在我小时候，我爸跟我说得最多的一句话就是：养家不容易，这个家是我和你妈妈辛辛苦苦、一点一点积攒下来的。他的这句话给了我很大的压力，每次我想要一样东西的时候，都会想：我的这种想法正常吗？是不是别的孩子不会这样？在我成年后的很长一段时间里，我的心里总有一种匮乏感，总觉得自己不值得拥有某些东西。

不知不觉地，我把儿时自己不喜欢的方式用在了孩子身上。我常跟孩子说起生活的不易，告诉他们不要浪费，要珍惜。我以为从小让孩子明白这些道理，他们就不会觉得“得到”是那么理所当然，或许他们还会成为一个无欲则刚的人。在我的影响下，两个孩子从小就会在买东西时比较价格，然后挑选一个性价比最高的。当我不同意他们的某个要求时，他们会想一想，然后答应，很少哭闹。朋友们都说，这两个孩子真懂事。而今天，豆豆的表现突然触动了我的内心。

我蹲下来抱着豆豆，说：“你的表现足够让你拥有这个大的火车轨道，你所有的需求都是很美好的，你值得拥有这世上最好的东西。只是这个大火车轨道的价格超出了我们的预期，如果你很想要，我们可以想个办法来解决这个问题。”他想了想说：“那这次的玩具我不要了，等到下一次买一个大的。”

那天，豆豆没有买玩具，但他很开心，可能是因为我的那番话，或者是因为他对未来拥有这个大火车轨道充满了希望。我的心也突然舒展开来，原来所谓让孩子明白生活的不易，并珍惜生活，不是你计较权衡后去放弃，而是保留着那份“我值得拥有一切美好”的情怀，想办法去做到，同时感恩自己已经拥有的一切。

后来，我不再跟孩子说工作多辛苦、养家多不容易，而是经常讲述我和先生为这个家奋斗的自豪感、满足感与幸福感。我不再教育他们“粒粒皆辛苦”，而是跟他们分享自己通过劳动所得，值得尽情享用的理念。我也不再规定想买的东西必须限定在某个价格内，而是告诉他们：你们值得拥有世上最美好的东西。

家长要放下自己对待生活的沉重与匮乏，将希望与丰盛传递给孩子；同时怀抱希望和美好，相信自己值得拥有美好的东西。

正面管教观点

感觉好，才能做得好

我们这代人大部分是“苦”过来的，从小父母就告诉我们“不要哭，没什么好伤心的”，于是我们学会了把苦憋在心里；也不要“高兴得太早”，以免乐极生悲，所以从来没有淋漓尽致地享受过快乐；小时候我们犯了错，一定会被父母责骂和羞辱，好让我们吸取教训。

在这样的感觉中，我们长大了。很多人说，我们似乎还算成功，那些鞭策、羞辱、惩罚让我们奋进，但有多少人是真正快乐和享受做自己呢？

有一位在事业上很成功的朋友跟我说，他享受在事业上不断攀登高峰的乐趣，但是他从来都是小心翼翼、患得患失的，因为小时候父母的那些“忠告”，以及对待他犯错的方式，一直在影响着他，让他害怕失败，也害怕从高处跌落。

感觉好，才能做得更好。大人如此，孩子也是如此。**所有的父母都不会吝啬给予孩子最好的东西，这些东西不仅包括好学校、好衣服、好玩具，更重要的是好的感觉。**好的感觉，能让孩子的内心丰富，没有匮乏感，让他们相信自己值得拥有世界上最美好的东西，所以才会努力去争取；也让他们接受自己的不完美：就算这次我没有得到也没关系，还有更多美好的事情等着我，因为我拥有更为广阔的世界。

给孩子好的感觉，意味着无论孩子表现得好与不好，都给予他们无条件的积极关注，在他们气馁的时候给予他们支持和鼓励，看到他们行为背后的需求，把爱的信息传递给孩子。

03

温暖有爱地帮助孩子改掉坏习惯

自从豆豆开始在幼儿园午睡后，他便养成了一个坏习惯：咬衣服和指甲。上课咬、看书咬、坐车咬、走路咬……就连玩他最爱的游戏时，只要一停下来，就会咬指甲。

一开始，我耐心地转移他的注意力，让他和我手牵手，或给他吃一些东西，玩一些需要使用手的游戏。然而，并没有什么效果，我又和善地提醒和劝告他："咬衣服和指甲不仅会把细菌吃到肚子里，还会让手指发炎和滋生病菌哦！"但仍然没用，他咬起来更卖力了。渐渐地，我从耐心与和善转变为抓狂，一见他咬指甲、咬衣服，就会条件反射地大喊："豆豆！别咬了！"他吓得赶紧停止，可是脸上却写满了无辜和受伤。

后来，豆豆的手指被真菌感染。我一边给他擦药，一边趁机教育："从今天开始，妈妈必须给你的手指缠上胶布，等你不再咬指甲时才能取下来！"手指缠上胶布后，豆豆干什么都不方便：写字握不好笔，玩积木时插不进槽孔……他信誓旦旦地跟我说："妈妈，以后我再也不咬指甲了，这样缠着胶布太不方便了。”

我在心里暗暗庆幸：“嘿嘿，这次要因祸得福了！”可是，我还没高兴两天，一天放学回家，豆豆狠狠地把胶布撕下来丢在地上，生气地冲我大喊：“都是因为你，非让我缠上这个破胶布！我做什么都不方便，还被小朋友笑话咬指甲！”

看见豆豆眼睛通红的样子，我突然意识到，因为他咬指甲，我一直处于很焦虑的状态，既没有体会他的情绪，也没给过他实际的帮助。所以，他才会这么委屈和无助！

我轻轻地把他抱在怀里，问：“你是不是觉得很委屈，很生气？你不喜欢被小朋友笑话。”他哭着点点头，说：“妈妈，其实我也不想咬指甲，可我控制不住！午睡睡不着时，老师不准我们起来，我只能咬被子、咬指甲玩……”

听完他的话，我的心里难受极了。我向他道歉，并跟他说：“没关系，改掉一个习惯是很难的，有时可能需要很长的时间。以后妈妈不责怪你，也不批评你，我们一起来帮助你改掉坏习惯，好吗？”豆豆伸出手指，说：“拉钩！”

平静地度过一周后，我和豆豆一起去公园散步。刚下过雨，地面上还有许多小水洼。我拉着他的手慢慢走着，他突然抬起头，问：“妈妈，到底什么是习惯啊？”我回答：“习惯就是你不用去想也会做的事情。就像咬指甲，想都不想，你就开始咬了，这是不好的习惯；豆豆也有很多好习惯，比如，早上起床后会刷牙，晚上睡前会收拾书包。”

“那习惯是怎么形成的呢？”我指着路上的小水洼，说：“习惯就像路上的小水洼，如果只是偶尔踩一脚，可能没事；但是踩的人多了，就慢慢成了一个坑。如果坑越来越大，那整条路就没法走了。”豆豆若有所思地点点头，说：“看来这个小水洼是不好的‘习惯’，就跟我咬手指一样。妈妈，我们一起把这个水洼填起来吧！”

接着，我和豆豆找来泥土、小石头和树叶，小心翼翼地填到水洼里。小水洼里的水慢慢地溢了出来，流向路边。我趁机引导豆豆：“你觉得水和泥土、石头、树叶代表什么呢？”他说：“水就是要改掉的坏毛病，要让它流走；泥土、石头和树叶就是帮助我们改掉坏习惯的东西。”

填满水洼后，我们又在最上面盖上一层泥土，让路面看起来更平整。豆豆说：“最后的一层泥土，就是我们养成的好习惯，只要好好保持，不用力去踩，就会一直保持……”

就这样，豆豆不仅明白了什么是习惯，而且接纳了坏习惯的存在，还明白了好习惯需要保持。回家后，豆豆主动说：“我需要一个提醒我改掉坏习惯的东西，可是胶布的感觉很不好，可以找什么代替呢？”我跟豆豆一起头脑风暴，最后列出这个东西需要具备的特点：“需要找那些不能让别人知道我在咬指甲的，能发出声音的，并且是我感兴趣的。”后来，我们一起想到了硬币。之后，我每天早上给他10个硬币，装在一个小布袋里。每咬一次指甲，就从布袋里拿出一个硬币；如果一次都没咬，硬币就全是他的了。

豆豆每天带着装有10个硬币的小袋子兴奋地跑来跑去，叮叮咚咚的声音在时刻提醒他不能咬指甲。小朋友们都好奇地问他：“豆豆，你袋子里装的是什么呀？”他故作神秘地回答：“这是我的秘密，不能告诉你们！”那模样神气极了！

有几天，他因为偶尔咬指甲，退回了几枚硬币。但是豆豆的态度很坦然：“没关系，就像我们在填水洼的时候，有些石头太大不能用一样，偶尔犯错误是很正常的。”咦？豆豆好像成了哲学家哦！

又过了几天，豆豆的硬币再也没有退回过，咬手指的习惯完全改掉了。而我终于知道当孩子有了坏习惯时可以怎么帮助他，才会不让他感到委屈和无助。

正面管教观点

花时间训练

训练是教给孩子生活技能的重要途径。在孩子还小的时候，父母会有意识地在这方面付出努力。对于教孩子走路、吃饭、大小便、穿衣服、系鞋带等问题，很多家长都明白，孩子需要通过一步步的训练，才能慢慢掌握这些生活技能。随着孩子年龄的增大，孩子开始学习更多的生活技能，比如洗碗、摆桌子、扫地、写作业、玩积木、打球、练琴以及与人相处等。然而，与孩子小时候相比，家长不再那么有耐心，不再肯花时间去训练孩子的这些技能了，而是常常伴随着失望、催促、生气等情绪。

跟学习走路一样，孩子学习任何一样技能都是需要通过训练来完成的，只是有的过程比较长，有的过程比较短而已。不要期望孩子没有经过训练就知道怎样做，揠苗助长不行，但不管不顾也不行。本文的案例中，帮助孩子改掉坏习惯，就是一步步花时间去训练孩子的过程。

花时间训练孩子，可以分4步走：

- **第一步：**家长一边做，一边和善地给孩子讲解；
- **第二步：**让孩子参与进来，家长和孩子一起做；
- **第三步：**当孩子掌握一定的技能之后，让孩子自己做，家长在一旁监督；
- **第四步：**当孩子觉得自己准备好了，就让他独立去做。

以训练孩子收拾书桌为例子。很多上小学的孩子，不知道怎么收拾自己的书桌和书房，他的房间也是乱糟糟的。这是因为，一方面，他不知道怎么整理；另一方面，他没有养成整理的习惯。

对于这个问题，**第一步，父母首先要从高高在上的位置上下来，不要指责与抱怨孩子，而是一边做，一边和善地给孩子讲解。**比如，告诉孩子分类的方法，可以把书分成工具书、教科书、课外书等，可以把橡皮等小东西放到一个筐里，还有书怎样摆放方便取阅，等等。只有父母在做的过程中告诉孩子怎么做，他才能真正学会，也更愿意去遵守。而如果父母只是站在一旁下口头指令，甚至颐指气使，孩子是很难做好的。

第二步，让孩子参与进来，父母和孩子一起做。这是一段很好的亲子时光。我们常常把生活与教育分开，而事实上，教育的最高境界是将其融入生活的每个细节当中。孩子更愿意在生活中学习，也愿意成为父母的好帮手，这样的方式会大大激发孩子的兴趣。

第三步，当孩子学会技能后，要让他来做，家长在一旁欣赏就可以了。在这个过程中，家长要有耐心一些，要多鼓励孩子做得好的地方，让他觉得自己有能力把这件事情做好，并慢慢养成习惯。

最后，当你感觉孩子已经准备好，就让他自己去做。“闭上我们的嘴，拿开我们放在孩子身上的手，祝福孩子在这件事情上走向独立。”

04

用游戏的方式释放孩子的恐惧情绪

豆豆自主阅读的时间比较早，7岁时已经看完全套的《猫武士》和《哈利·波特》，这两套书里都有一些魔幻和打斗的场景。

一天，他看完《哈利·波特》后，吓得不敢睡觉，不停地问我："妈妈，如果我掉进去了，怎么办？"我问他掉进哪里，他却答不出来。我想，可能是一个恐怖阴森的黑洞或者险峻的悬崖吧，便安慰他："没事的，小心走就不会掉下去。我们在现实中不会去那么危险的地方……"可是，他还是不敢睡："妈妈，我知道现实中没有，可我就是害怕呀！"

我突然想起小时候奶奶经常给我讲鬼故事的事情。一听见阁楼的声响，我就吓得睡不着觉。我总是想象着阁楼里的各路妖魔鬼怪会在我睡着后悄悄地飘下楼来，把我一口吃掉或者撕得粉碎！

后来有一次，我们几个小孩趁奶奶不在家，搭着梯子爬上阁楼去探险。我看到阁楼里除了柜子之外，还有一些用来挂东西的铁钩。风一吹，铁钩就会发出隐隐约约的声响。后来，我躺在床上再听到声响，就知道那是铁钩的声音，不是妖怪的声音。当未知的世界变成能够看见的画面，那些害怕不知不觉就消失了。

我想，如果能够把豆豆害怕的东西也变成具体的画面，会不会减轻他的恐惧呢？于是，我把灯打开，和他一起重温《哈利·波特》。原来，书里有一个可以通往过去和未来的四维空间，豆豆害怕掉到四维空间里，会被过去或未来的人发现后杀死，那样他就再也回不到现在，见不到妈妈了。

孩子，你真的想多了！但是我知道，告诉他四维空间不存在没有任何意义。于是，我对他说："四维空间听起来很酷啊！如果真有一个这样的空间，说不定很好玩呢！要不，我们来做一个游戏吧！"豆豆一听到做游戏，马上爬下床来。

接着，我带着豆豆找到4个大箱子垒成"凸"状。上面的箱子代表"空间"，下面中间的箱子代表"现在"，左侧箱子是"过去"，右侧箱子是"未来"。每个箱子都剪了一个大洞，保证它们能够彼此相通。

我对豆豆说："这就是我们的四维空间。如果你从洞口掉下去，就可能掉在'过去'或'未来'哦！现在，你想进去试一试吗？"他犹豫了一下，决定掉进去看看。进去之前，他还认真地问："妈妈，给我一把钥匙，有钥匙才能进入四维空间。"哈哈，看来入戏很快啊！我连忙递给他一把钥匙。豆豆进入四维空间后，在几个箱子里钻来钻去，左看看右看看，玩得不亦乐乎。他好像不是钻了几个箱子，而是穿过了一个忘忧洞，爬出来后神清气爽，完全忘记了之前害怕的事情。

类似的事情也发生在弟弟小福身上。有一次，我陪小福看了一本绘本，故事本来是很温馨的：一个小朋友总觉得厕所里藏着一个长毛怪，晚上不敢上厕所，所以总是尿床。后来，细心的爸爸帮他在走廊上装了一盏灯，小朋友就不再害怕了。郁闷的是，小福看完后被吓坏了！绘本里那个长毛怪可怕的样子深深地印在他的脑海里，他不仅觉得厕所里有长毛怪，就连柜子里、床底下也藏着长毛怪！

两个孩子从小到大，我陪他们一起看了几百本绘本，没想到这次居然会“栽”在这本绘本上！我决定用绘本的方式，帮助小福战胜害怕。费了很多功夫，我找到一本绘本《走开，绿色大怪物》。画面是一个大大的绿色怪物，翻开第一页，大怪物被遮住了黄色的眼睛；第二页，大怪物被遮住了绿色的鼻子……翻到最后一页，大怪物全部被遮住了。下面的配文是：“绿色的怪物，快走开！如果我不允许，永远不要回来！”

我先是给小福读了这本绘本，然后，我在纸上画了一个长毛怪，把它的每个身体部位涂成不同的颜色，分别剪下来。然后，在每个部位后面贴上双面胶，再拼在一起贴在小黑板上。

我带着小福来到小黑板前，让他用力撕掉长毛怪的身体。每撕掉一个部位，小福就狠狠地说：“走开，乱七八糟的头发！”“走开，血盆大口！”“走开，可恶的长毛怪，如果我不允许，永远不要回来！”这个游戏，小福玩了一次又一次。到后来，他早就不怕长毛怪了，还是喜欢玩。

就这样，我用游戏的方式给孩子展开了一个美好的世界。这里没有害怕，没有未知，透明而安全，让孩子充满了希望与战胜一切的力量。

正面管教观点

游戏是亲子沟通的“双向翻译机”

孩子的任何行为都在表达一种内心的需求，只不过他们的表达方式常常让家长无法接受。对于孩子的不当行为，如果家长不去理会行为背后的需求，久而久之就会觉得烦躁与沮丧，不仅不会去理解和帮助孩子，反而会批评与指责孩子，甚至惩罚孩子，而孩子的不当行为就可能变本加厉。

游戏被很多人喻为亲子沟通的“双向翻译机”。与孩子有效沟通的第一步，就是及时而准确地“翻译”出隐藏在孩子行为背后的需求。孩子的害怕，常常让家长很不屑，觉得他们是在小题大做。事实上，孩子那种害怕的情绪是真实存在的，他们感到非常无力，却又说不出所以然来。但是，他们会在游戏中表达自己的情绪、需求以及对待事情的方式，因为游戏是直白的、具体的、有目的性的。通过玩游戏，家长可以更好地了解孩子的内心世界。

与孩子有效沟通的第二步，是将父母的关怀、爱心、鼓励、期望和界限等，“翻译”成让孩子更容易理解和接受的语言。游戏是孩子的第一语言。如果家长想告诉孩子什么事情，最好的方式是“玩给他看”，而不是“说给他听”。既然我们都同意让孩子在玩中学知识，那么也可以让孩子在玩中懂道理，在玩中建立规则，在玩中学会解决问题。

05

孩子被打，究竟要不要还手

朋友的孩子多多是一个活泼开朗的孩子，可是妈妈却说他是“窝里横”，一到外面受人欺负，从来都不敢反抗，不管是比他大的，还是比他小的孩子打了他，他都不还手，有时似乎是宽宏大量，可更多的时候，他是在压抑自己的委屈。

朋友说：“虽然我很明确地告诉他，打人是不对的行为，但是看到他被打时忍气吞声的样子，我心里很不是滋味。我担心一味地忍让会让他的性格变得越来越懦弱，以后岂不是一辈子都要受人欺负？可是教孩子还手，显然又违背了我的价值观，让孩子以牙还牙，简单粗暴地处理事情，显然不是教育孩子的初衷。”

可能大多数父母都有过这样的困惑，一方面坚决拥护“不应该打人”的观点，另一方面又希望孩子在被打后可以像勇士一样去还击。这种还击的方式，显然是不恰当的。如果动手的孩子不是有意而为，那么还击就变成了故意打人。而且父母过多的介入，会剥夺孩子自由、独立成长的机会。在处理这个问题时，家长可以遵循以下原则。

父母不过多参与

我家老大豆豆是一个慢热的孩子，他两三岁时，在融入一群孩子之前需要观察很长一段时间。当他参与其中后，如果遇到问题，比如玩具被抢、地盘被占等，会退让到一边，拱手相让。当时我很担心，我希望他能为自己的权益奋起反抗，甚至想冲过去帮他把玩具要回来。可是，我忍住了。

这样的情况持续了几个月，他突然开始能很快融入集体，并且用清晰而具体的语言拒绝抢他玩具的小孩：“如果你要这个玩具，要经过我的同意。”那一刻，我感觉特别庆幸，庆幸没有通过自己的介入与逼迫，让他尽快学会怎么做，而是给予他时间，让他慢慢去观察和思考，直到自己做好应对的准备。

回到孩子被打这件事情，也是如此。成人直接教授经验与让孩子自己选择用哪种方式处理问题，有时表面上的结果一样，内涵却完全不同。小孩子很容易把成人的做法看成绝对正确的真理，从而失去独立探索的机会。而让他自己决定怎么做，却能够让他在生活实践中体验和积累经验。哪怕犯错也没有关系，错误是学习的好机会，它符合儿童的心理发展规律，有利于孩子的健康成长。

比还手更好的方式

对于幼儿，家长要教给他们“三部曲”，即“斥责、制止、躲避或寻求帮助”。斥责是指严厉告诫对方：你这种打人的行为是不对的。关于制止的方式，家长可以告诉孩子，面对小朋友打过来的小巴掌，不妨试试迅速抓住对方的手腕，这样对方就不能动，当然也就无法打人了。抓住对方手腕的同时，要告诉对方："你不能打人，打人是不对的。"当孩子无法制止时，为了避免受到更大的伤害，家长需要告诉孩子如何躲避，比如离开现场或者寻求大人的帮助。

这样的处理方式更适合年龄比较小的幼儿，幼儿的很多打人行为并不是故意为之，而是因为不会清晰表达而采取的举动。所以，通过三部曲，不仅可以避免矛盾激化，让幼儿明白自己的力量很强大，而且在这个过程中能够提高他们独立思考与解决问题的能力。对于大一点儿的孩子，打人这种攻击行为一般是故意所为，但处理原则大体相同。以牙还牙地打回去，很可能会引发更大的战争，造成更大的伤害，校园里很多流血事件就是这样发生的。但家长要让孩子知道，不还手并不是软弱可欺，更不是懦弱，而是懂礼貌、懂谦让、懂得解决问题的行为。

豆豆刚上小学的第一个星期，在班上出黑板报时，被一个比他高出半个头的小女孩打了。如果幼儿园的小朋友之间闹矛盾，一般会有老师帮忙协商解决，而到了小学，遇到这样的冲突则需要自己去处理。回家后，他跟我说起这件事："妈妈，当时我完全没有想到她会打我，等我反应过来的时候，她已经走开了。但是我很生气、很生气。"我说："那你后来做了什么？"他说："我走过去告诉她：打人不对，如果你不同意我的做法，你可以说出来！然后，她犹豫了一下，跟我说了一声'对不起'。"

我惊讶于他当时的智慧，虽然在那一刻他似乎吃亏了，但是他用语言的力量震慑到了那个孩子。我跟他说："我很欣赏你当时的大度与勇气，你没有打回去，而是用语言告诫了她，这种方式不仅没有让矛盾激化，而且让她从中得到了教训，你也很及时地发泄了自己生气的情绪。"他回答："是的，当我把我的话说完，还没听到她说'对不起'的时候，我就已经不生气了。"

理解情绪，关注于解决问题

我曾经在游乐场看到非常揪心的一幕。一个6岁左右的小男孩，在滑滑梯的时候，被一个霸道的比他大的孩子打了，小男孩感到很委屈，又很害怕，不敢与那个孩子对峙，就跑到妈妈那里哭。没想到，他妈妈劈头盖脸地把他教训了一顿："哭什么哭！人家打你，你就打回去呀！哭能解决问题吗？"妈妈的话还没落音，小男孩突然像疯了一样地在地上打滚，瘦小的身体重重地撞向游乐场的游乐设施。他妈妈一下子吓坏了，她没有想到孩子的反应会那么大。过了很久，小男孩才愿意妈妈把他抱在怀里。

看着那个慌乱、不知所措的妈妈，我走过去，坐在旁边，对小男孩说："你刚刚一定觉得很委屈，很害怕。那个男孩比你大，所以你不敢还手。你希望妈妈能够安慰你，但是妈妈没有，你觉得更加委屈，对吗？"小男孩的哭声突然停下来，他妈妈惊奇地看着我。我跟他妈妈说："其实，你只要说出他的感受就可以了，然后你可以和他一起想办法解决这件事。"后来，母子俩决定一起去玩滑梯，妈妈站在旁边保护他。

小男孩被打这件事情好像不了了之，事实上，**面对那些故意伤害别人的"坏孩子"，父母要做的不仅是保护孩子的身体，还要保护他的情绪不受到伤害。**父母要理解孩子的感受，跟孩子沟通，用启发式的提问引导孩子说出内心的需求，在必要的时候，跟孩子一起想办法解决问题。这样，孩子的独立思考能力与解决问题的能力也会在这个过程中慢慢得到提高。

生活中的逆境和挫折是孩子最好的大学，"被打"是孩子在长大的过程中难免会遇到的事情。在保证孩子安全并教会他们必要技能的前提下，父母不需要过多地参与，放手让孩子在生活实践中去积累经验，从错误中学习，培养解决问题的能力。

关注于解决问题

“解决问题”是指有问题发生时，家长教孩子关注于如何去解决问题，这是一项很重要的生活技能。家长可以利用孩子带给你的挑战，练习和孩子一起解决问题。如果家长常常给孩子头脑风暴和提出解决方案的机会，他们就会拥有很好的解决问题的能力。

在生活中，父母常常遇到各种各样的挑战，这些挑战其实是让孩子学会如何解决问题的好机会。我家的两个男孩去游泳时，常常是弟弟游得不想走，而哥哥游得差不多就想回家，我每次都为按谁的时间回家而为难。我左右协调，想尽各种办法，还是很难让兄弟俩都满意，我自己也心力交瘁。

后来我想，何不让孩子一起来参与解决这个问题呢？于是，在下一次游泳前，我问兄弟俩：“怎么做我们才能同时回家，每个人都玩尽兴，又不至于为等另一个人而感到无聊呢？”豆豆想了一会儿，说：“我以后跟着你们多游一会儿，而且不游太快，这样就不会那么累了。”弟弟说：“我换衣服的速度快一点儿，这样就可以多游一会儿。”豆豆说：“如果实在太累，我自己上去披上浴巾等你们。你们也尽快地上来。或者我下次带本书过来，洗完澡后，我可以穿上衣服去休息室，一边看书一边等你们。这样你们就可以多游一会儿了。”

我很惊讶，原来我所想到的办法，孩子们都能想到！

给孩子机会，让他们自己解决这件事情，而不是我给他们安排好解决方法，他们就会明白，哭闹解决不了问题，自己想办法才能解决问题。同时，他们也会明白，无论是在几百人的公共场所，几十人的学校班级，还是几个人的家庭中，他们不是一切的核心，他们需要学会为别人着想，需要跟别人沟通协调，找到一个比较平衡的解决方法。

06

用感恩的心拥抱生活中的不完美

我听朋友说，有一家山村度假小屋很有特色，木质的房子依山傍水，适合城里人去洗肺，更适合孩子在大自然的怀抱里尽情地奔跑、玩耍。于是，在一个天气晴朗的周末，我们一家4口出发了。

在去度假木屋的路上，豆豆和小福兄弟俩都兴奋不已，你一言我一语地表达着自己美好的想象。4岁的小福说："我长这么大还没住过木头的房子呢！住在里面，会不会有小鸟的感觉啊！"7岁的豆豆说："你这么大算什么，我这么大还没住过呢！不过我在书上看到过，木屋感觉跟童话里一样。房间里所有的东西都是用木头做的，有看得到一圈圈年轮的圆桌子，用树墩做的凳子，墙壁上挂着用粗糙的树皮做的相框，客厅里还有一个壁炉，壁炉里燃烧着温暖的炉火，壁炉的旁边还堆着一捆圆木。有时，门外还会有小动物来敲门，窗台上经常停着小鸟……"豆豆的描述真是太美了，我们都听得入了神！我在赞叹的同时，也很欣慰：原来兄弟俩对小木屋向往已久啊，这趟旅行真值得！

说完小木屋，兄弟俩又讨论起活动安排。一个说：“早晨睡个懒觉，直到太阳晒到屁股，爸爸妈妈架起烧烤炉，我们一边烧烤，一边打牌。”另一个说：“下午我们就坐在池塘边钓鱼，把钓上来的鱼烤着吃。我们还可以在草地上玩木头人的游戏，还要吹泡泡，放风筝……”

孩子们的美好想象让我们虽然行驶在路上，却感觉已经在小木屋里住了好多天，路上的时间因此也好像变短了，我们很快就到达了目的地。看着坐落在山脚下被树影环绕的小木屋，孩子们一下车就欢呼着飞奔过去。然而，当我们踏入房门的那一刻，所有美好的想象一瞬间都消失了！木屋里的装修非常现代化，电视、电脑、卫浴、家具一应俱全，跟城里的宾馆差不多，连一点儿童话的味道都没有。

兄弟俩失望极了，忍不住抱怨起来。豆豆郁闷地说：“到这里太远了，坐车太累了，下次再也不来了！”小福也嘟着嘴，说：“我还想当一回小鸟呢，这里还跟家里一样，有什么意思！”

祸不单行，本来还很晴朗的天气，到了傍晚开始下起雨来。本来就很失望的兄弟俩，开始变得烦躁起来。想着计划好的事情都不能做了，他们一刻不停地哼哼唧唧，还因为一点儿小事就打起架来。

说实话，我和先生也有点儿小失望，本来还想满足一下自己儿时童话般的梦想呢，现在梦想破灭了。但为了让两个孩子兴奋起来，我环视了一下房间四周，惊喜地发现了壁炉！我欢呼道：“快来看，这里有童话世界的壁炉！”孩子们也被吸引过来，我们一起点燃了炉火，火苗越烧越旺，透出一股温暖的光来。

我还发现壁炉的旁边放着一个烛台，于是干脆把灯关了，把蜡烛点亮，一家人围坐在壁炉旁。我泡了一壶热巧克力，我们坐着一边聊天，一边喝着香浓可口的热巧克力。慢慢地，我感到孩子们心中的失望、烦躁与抱怨消失了，取而代之的是安全、温暖与平和。

小福把头依偎在我的腿上说：“妈妈，我觉得很幸福！”豆豆也说：“我想起了贝贝熊一家。其实不管外面是不是下大雨，只要我们一家人能够在一起，就是幸福，就值得感恩。”听着他们的话，我的眼里泛出泪来。养育孩子远远不是说教，当父母与孩子之间相互信赖，用灵魂感知彼此的陪伴，对于那些所谓的人生道理，孩子自然就会懂得。

第二天，雨还是没停。先生开车到不远的镇上买回4件不同颜色的雨衣。我们穿着雨衣，玩起了踩雨的游戏。我们踩在山间的落叶上，雨水从树上滴滴答答地落在身上；我们踩在湿润的草地上，地下的水轻轻柔柔地冒出来；我们互相追赶，像林间4朵跳跃的花；我们还一起摔倒在草地上，在草地上打滚……孩子们高兴得哈哈大笑，这种笑就如我们身处的大自然一样，原始而充满了让人快乐的力量。

回到小木屋的时候，我们浑身都湿透了。在现代化的房间里，孩子们在大大的浴缸里泡澡，我和先生在旁边的淋浴间冲洗。豆豆很感慨：“幸好不是童话世界里的小木屋，要不哪有这么舒服的热水澡啊！”

回家的路上，我再次问起兄弟俩对于这次度假的感受。他们回答说：“就像妈妈常常跟我们说的，世界上没有完美的人，也没有完美的事。如果愿意去拥抱不完美，享受当下，就会得到意想不到的收获。妈妈，这是一个不完美的假日，也是一次意想不到的收获，我们感觉非常开心！”

正面管教工具

致谢，感恩

在生活中，我们常常教孩子要向帮助过自己的人表达感谢。但是在家里面，“谢谢”这个词反而用得很少。在我成长的家庭中，我和父母从来都不互相致谢，以至于我长大后很想向他们表达感谢时，却总是不好意思开口，连发短信都觉得不自在。

跟先生结婚后，我发现，他会很自然地跟公公婆婆表达感谢。比如，他常常说："谢谢爸爸给我们做这么好吃的饭菜；你们照顾了一天孩子，辛苦了""谢谢你们从这么远给我们带这么多好吃的……"像这样的"书面语言"，他竟然说得如此自然，当时给了我很大的震撼。

有了孩子后，我有意教孩子们学习如何表达感激，这是让我们拉近距离的很好的方式。孩子们现在也会将致谢的话说得很自然。我会跟他们说：

"谢谢你这么快就穿好衣服，准备好去上学。"

"谢谢你在弟弟搭积木很烦躁时，耐心地帮助他。"

"谢谢你摆好了桌子、椅子、盛汤的碗。"

孩子们听到后，都满心欢喜，并备受鼓舞。

如果能够在生活中自然而然地互相致谢，你就会发现，我们更容易关注和发现对方身上美好的东西，更容易缓解那些不良的情绪与冲突，让彼此有心与心的连接。致谢还让我们知道，我们所拥有的一切东西并不是理所当然的，因此要学会感恩。**当我们饱含感恩之心时，就会更加享受自己所拥有的一切，无论事情怎么发展，我们总能看到好的那一面。**

CHAPTER 06

舍得放手，让孩子自由成长

父母要想让孩子尽快适应新的环境或新的生活方式，最好的办法是带着爱放手，只有让孩子从内心把这件事当成自己的事，他才会有动力和责任去把事情做好。

导读

母爱是一场得体的退出，请带着爱放手

在刚开学的幼儿园门口，常常看到久久不愿意离去的家长，他们眼里含着泪，表情焦虑，一次次地往里探头张望。放学后，孩子高高兴兴地出来了，一天没见爸爸妈妈，自己也玩得挺好的。家长的心里掠过一丝失落：孩子长大了，他能独立上学了，不再百分百地依赖我们了。

从孩子独立行走，上幼儿园、小学，再到上大学，去往一个陌生的城市甚至陌生的国家，他们一步步走向独立，而家长的牵挂与担心却一点儿也没有减少。在这个过程中，有的父母做到了适时地给予孩子权利和自由，让他们学会独立思考，独立解决问题，拥有独立生活的能力，然后自己得体地退出。有的父母却以爱的名义控制孩子，捆绑孩子，舍不得闭嘴，也舍不得放手，孩子在爱的囚笼里长大，没有自由呼吸的空气。等有一天，他们必须离开父母独立生活时，却没有具备这种能力。

强烈的母爱不是对孩子恒久的占有，而是一场得体的退出。母爱的第一个任务是和孩子亲密，呵护孩子成长；第二个任务是和孩子分离，促进孩子独立。分离的过程，不是一下子把孩子推开，而是慢慢地把权利交给孩子，允许他犯错，让他在生活中体验和学习。

01

男孩的童年也可以有家务活儿

豆豆8岁，小福快5岁时，两个男孩作息规律，做事自律，基本上也能够和睦相处，我一直觉得自己把孩子培养得很成功。直到有一天，我生病躺在床上，叫豆豆帮我倒杯水，他像没有听见似的；叫小福，他转头喊："爸爸，妈妈要喝水！"我才突然发现，原来这么多年来他们基本没干过家务活儿，所以总认为干家务是大人的事。

围绕家务活儿的问题，我们开了一次家庭会议。兄弟俩抱着看热闹的态度参与其中，脸上的表情明显写着"多大点儿事啊，至于上纲上线吗"，豆豆甚至还说："妈妈，做家务是女孩子的事，男孩子的童年就应该多玩游戏。"也不知道他从哪里听来的歪理。

从小就大男子主义，看我怎么治你们！那时正值春天，豆豆跟我说："妈妈，我们想养蚕。"我欣然答应，但和他们约法三章："你们负责采摘桑叶，清理枯叶和粪便。爸爸妈妈只提供必要的帮助，不负责具体的事情。"豆豆和小福都同意了。

坚持几天后，豆豆开始想方设法地把活儿推给我们。一天，豆豆给我打电话："妈妈，今天我忘记摘桑叶了，你能在回来的路上帮我摘一些吗？蚕宝宝没吃的了。"我表示同情，但毫不犹豫地拒绝了，并跟他强调我们的约定。豆豆很生气，觉得妈妈好残忍，竟然不管蚕宝宝的死活，但他晚上回家之后还是打着手电筒，在外婆的陪同下去给蚕宝宝摘桑叶。

然而，蚕宝宝结茧后，兄弟俩的工作就结束了。而他们在其他家务上还是处于非常被动的状态，几乎没有这方面意识。比如，每次洗澡前，他们的衣服、裤子、袜子从卧室到浴室扔了一路，我只得跟在后面捡衣服。现在，我很坚定地告诉他们："衣服只有放进洗衣机，我才会给你们洗。"他们还是那副"你能把我们怎么样"的表情，"哦"了一声就走开了。等他们洗完澡出来后，看到地上的衣服，豆豆像没事人一样走开了；小福更坏，把丢在地上的衣服当成梅花桩，光着身子在上面来来回回踩了好几趟。

接下来的几天，他们还是会把衣服乱丢，地上、床边、书桌上，无所不在。终于有一天，豆豆没有干净的衣服穿了，他开始大叫："妈妈，我的衣服到哪儿去了？"我说："可能还在你脱下的地方哦。"他跑到各个房间，生气地把衣服捡起来，往洗衣机里一丢。"但是，我今天穿什么？"我没有责备，也没有帮忙，只是说："我相信你能想到办法的！"最后，豆豆只好穿了一件脏衣服去上学。

放学后，他一进房门就跑到阳台上问："衣服干了没？我得洗个澡，换件衣服。"我疑惑地问："发生什么事情了？"他沮丧地回答："脏衣服穿在身上总感觉湿湿黏黏的，难受死了。"我积极地回应他，表示理解："嗯，好像是挺不舒服的。""还有，我总觉得同学们会闻到我衣服上的臭味儿，尴尬死了。"经过这件事，豆豆再也没有忘记把衣服放进洗衣机里。在他的影响下，弟弟小福也把"踩梅花桩"的游戏，变成了寻宝游戏——只要看见脏衣服，就乐颠颠地把它们放进洗衣机里。

因为不整理房间，豆豆和小福总是找不到东西，尤其是书和玩具。我趁机提议，全家举行一次“清爽100”的整理活动——在100天里，我们要为家里更整洁的环境做到100分的努力。具体做法是：每天晚饭后整理房间的一平方米，比如一个小角落或一个抽屉。爱管事的小福负责提醒大家，行动力强的豆豆负责制订每日的计划。我和先生参与整理，但是要听从两个孩子的安排。

看到一个个角落、家具变得整洁起来，豆豆不由得感慨：“妈妈，家里越来越像酒店了！”小福也说：“我也觉得好干净啊！”这是从小就爱住酒店的两个孩子的第一感觉！豆豆兴奋地补充道：“我觉得我们一起把家变得像酒店一样舒适，比住酒店更好玩。”

这个整理活动，不仅让孩子养成了整理、归类的好习惯，而且还成为特别愉快的亲子时光。家务活儿不再成为令他们头疼的“任务”，反而让他们获得了很多乐趣和成就感。

从那之后，孩子们对家务活儿真正重视起来，开始有了小主人翁的意识。有一天，他们还提出要在屋外的小空地开辟出一个“开心农场”，自告奋勇地承担起浇水和采摘的工作。

现在，我经常一边在厨房炒菜，一边对着客厅的娃喊：“没有葱了，农场主们，可以给我一些葱吗？”两个小“农场主”乐不可支地换鞋出门，不仅带回一把青翠欲滴的小葱，还择好、洗好，放在案板旁。

看着两个大男子主义的小汉子终于被我调教成爱干活儿的小“暖男”，我忍不住想：“不知道以后谁家的女儿会那么幸运呢？”

家务活儿

家务活儿是培养孩子归属感和价值感一个很重要的渠道。然而，在孩子还小的时候，家长常常不放心他们做家务；等孩子大了，他们又要忙着做“小学生”“青少年”，忙着写作业、交朋友、玩游戏、听音乐、看电影……并最终成长为一个独立的个体，在他们最想做的100件事清单里，可能根本不会出现家务活儿这一项。

一般而言，孩子在五六岁时，在家里就可以承担几项固定的家务活儿了，比如倒垃圾、洗碗，整理书架、玩具架、鞋架，洗小件衣物，以及一些厨房的小活儿等。到了12岁左右，在家长不在家的情况下，他们应该能够独自做饭、洗澡、洗衣服、把家里收拾干净等。生活自理能力跟自律、负责、合作、独立解决问题的能力等同样重要，在培养孩子生活自理能力的过程中，这些能力能同时得到培养。通过在家里帮忙，孩子不但能学会基本的生活技能，还会发展社会兴趣和增强自信心。

因此，当孩子还小的时候，家长不要忽略了让孩子承担家务活儿。对于孩子而言，它既可以是一项责任与义务，也可以是一项技能和游戏。父母可以与孩子一起头脑风暴，列一个家务活儿清单，然后通过一些好玩的方式，比如家务活儿选择轮、抽签罐、飞镖等，让孩子“抽”出本周他负责的项目。

最开始让孩子做家务活儿的时候，不需要他做得很完美，也不要求他把某件事情坚持到底。做任何一件事情，如果被赋予太大的压力，就会失去它存在的意义。至于干什么家务活儿，可以让孩子挑，也可以每周更换。如果孩子“承包”了某项工作，后来又觉得太累，想换一个轻松的，也没关系。在最初的阶段，家长只是为了保持孩子对家务活儿的兴趣，然后再让他慢慢养成习惯。

02

培养孩子的金钱观，从遵循内心开始

从豆豆上小学起，我们每个月都会给他100元零花钱。如果表现好，还有30元左右的机动奖金。豆豆把自己的收入都放进一个“宝盒”里，还做了一张“存折”来记录收支状况。一到月底，他就早早地起床，找我们开“工资”；然后拿出自己事先算好的“奖金”条，一笔一笔地跟我们对账。一拿到钱，他就屁颠屁颠地抱着钱盒子，兴奋地在屋里跳着，转上好几圈。

随着盒子里的钱越来越多，豆豆有了一个新爱好——数钱，平均一天数3次，每次数钱时，他都全身心投入，把身体俯在盒子上，眼珠子简直就要掉进盒子里。看着他那副可爱的小模样，我和先生暗暗欣慰：豆豆有了金钱观念，以后肯定可以把钱花在自己喜欢的东西上。

然而，很快我们就发现，豆豆的金钱观念和我们理解的不一样。他把钱盒子当成了宝贝，小心翼翼地藏起来。他数钱时，我们只可以在一旁观看，不能触摸，更不能打他零花钱的主意。

而且，豆豆的钱只进不出。外婆快过生日时，我问豆豆："现在你有这么多钱了，你是想出钱跟妈妈一起给外婆合买一个礼物，还是自己单独给外婆买一个呢？"豆豆不假思索地回答："都可以啊，但我只出一块钱！"我被他的小气惊住了："一块钱能买什么？"豆豆理直气壮地说："一块钱可以买很多东西啊！棒棒糖、橡皮筋、糖果……"豆豆叽里呱啦列举了一大堆，我想：只要心意到就行了，一块钱就一块钱吧。

可是，到了外婆生日那天，豆豆送给外婆一幅自己亲手画的画。外婆自然很开心，我却隐隐地担心，连一块钱都舍不得花，这孩子简直成"守财奴"了！

豆豆特别喜欢玩Xbox游戏，但买一个游戏要200块钱。为了"刺激"他花钱，我对他说："如果想买新游戏，你至少要出一半的钱！"豆豆死活不肯。先生苦口婆心地劝他："爸爸妈妈给你零花钱，就是要你把钱花在自己喜欢的东西上。如果你不花，零花钱不就跟废纸一样吗？"听完后，豆豆思考良久，终于从牙缝里挤出几个字："我最多出10块钱！"

10块虽然少，但对豆豆来说，已经是在"割肉"了！看着他心痛的样子，我们妥协了，决定由他出10元，我们出190元。然而，到了付钱的最后关头，豆豆居然反悔了，说："妈妈，这个游戏我不买了，太贵了！"为了10块钱，他竟然拒绝这么大的诱惑，这得多抠啊！

我跟先生决定下狠功夫，来劝豆豆花钱。我们给他讲了不少守财奴的悲惨故事，告诉他如果太爱钱，不仅有钱的时候没享受到，还会引起众叛亲离。豆豆听完后，似懂非懂地点了点头。可是真到花钱的时候，他调皮地说："当守财奴也没什么不好，你们不会不理我吧？"我和先生顿时哑口无言。

正当我们一筹莫展时，豆豆的弟弟小福给了我们一个灵感。小福刚上幼儿园，疯狂地迷恋上了贴纸。每天，他的脸上、手上都贴着老师奖励的贴纸，兴冲冲地回家；到家后，也要求我们奖励给他贴纸。我想，何不把奖励贴纸的权力交给豆豆呢?

我们让豆豆自己买一些贴纸，如果觉得弟弟表现好，就奖励给他。不知道是因为贴纸便宜，还是因为他觉得这是一个莫大的荣耀，豆豆毫不犹豫地答应了，史无前例地从他的“宝盒”里拿出5块钱，买了贴纸。然后，他兴致勃勃地制订规则，每天给弟弟发奖励。我趁机问豆豆：“你觉得这5块钱花得有价值吗？”他点头说：“花一点点钱买的贴纸，不仅可以让弟弟很开心，我也很开心。”我觉得这是一个不错的开始，终于让他享受到花钱的乐趣。

到学期快结束的时候，豆豆带回来一份募捐倡议书，原来他们学校的一位老师患上了“渐冻症”，学校号召全校师生为他捐款。豆豆盯着钱盒子感到很犹豫，最后还是忍不住问我：“妈妈，你说，我应该捐多少钱？”我心里希望他捐100元，觉得钱少了拿不出手，但我想了想，还是把花钱的决定权交给他，我跟他说：“多少都可以，表达你自己的心意就行。”最后豆豆捐了10块钱。他说：“班上其他同学都捐10块，捐10块钱我不心疼，也表达了我的心意。”在那一瞬间，我为自己之前的想法而汗颜。其实，孩子看待金钱的眼光比大人单纯得多。他们不会违背自己的心愿去屈从于世俗的眼光，所以才不会既花了钱又纠结。

豆豆还是一个小“守财奴”，但是他开始学会遵从内心地花钱，享受花钱的快乐。我相信，他会成为一个快乐的“守财奴”，而且不会众叛亲离。

零花钱

零花钱是教孩子认识和管理金钱的好办法，当孩子有了父母定期给的零花钱时，如果父母处理得当，他们就能从中学到金钱的价值和意义。怎样适当地给孩子零花钱，孩子怎样正确地使用和对待零花钱？这是我们在决定给孩子零花钱之前就需要考虑好的。

首先，零花钱不应当作为对孩子惩罚或奖励的工具。当零花钱与某一件事情（比如家务活儿）挂钩时，很可能导致孩子无法通过做这件事来获得责任感，也会曲解金钱的意义。

其次，零花钱的金额取决于家庭的预算，以及父母希望孩子用钱来做什么。孩子初次拥有零花钱时，常常会出现两种情况：一是大手大脚，花钱没计划；二是特别舍不得花钱。给孩子零花钱，就是让他慢慢学会如何有计划地花钱，也学会为自己、为别人花钱，比如，给家人或朋友买小礼物，自己弄丢了东西，可以用零花钱来买，攒钱买一个喜欢的玩具，等等。

最后，家长需要注意的是，当零花钱已经给了孩子，他就具有如何使用这笔钱的权利和自由，只要不违背法律与道德，家长要尽量少去干预。

03

提前告知：让挑战不发生

有人说，有了孩子的生活，就如同在解一个九连环，解了一个，还有一个，你以为全都解完了，其实最难的还在后头，出其不意，让人措手不及。孩子会接二连三地带来挑战，而家长又不是解决问题的专家。那么，能不能让挑战不发生呢？

暑假伊始，我们一家四口开启了美国之行。孩子们背着自己整理好的书包，手牵手地出发了。在长达十多个小时的长途飞机上，他们像平时一样吃吃睡睡玩玩，偶尔有烦躁和无聊的时候，会找我们一起想办法解决。下了飞机，我们即刻租车出发，两天时间开了1000多公里，他们在后座上自娱自乐，把自己照顾得很好。我的心情因此而无比轻松。所有我担心发生的挑战都没有发生，孩子们的表现出乎我的预期，却又在我的意料之中。

长途旅行对他们来说并不是第一次，这次没有发生挑战的主要原因，是他们在出发前对将会遇到的困难提前有了知晓。我告诉他们：这次我们一大早要坐高铁到上海，比平常的起床时间早一个小时，所以在起床的时候可能会有些烦躁和难受；然后，我们再去台北转机到洛杉矶，整个过程会有20多个小时，你们一定会觉得累，我们需要克服一下；长途飞行的时候，正好是晚上的睡觉时间，下了飞机后，我们会租车继续开往另一个地方，所以大家都需要睡一觉，以补足精神；另外，从台北到洛杉矶的飞行时间是12个小时，飞机上可能会很干燥，可能会觉得有些无聊，你们可以准备一些在飞机上玩的东西；爸爸妈妈会照顾你们，但是如果你们能照顾好自己，爸爸妈妈就会轻松很多，这样会更好地照顾到每一个人……

第二天一早，我提前一个小时叫醒他们时，他们显得很困，但没有闹，而是很平静地说："妈妈，这么早起床，确实让人有点儿烦躁。"他们把我昨天说的话都记在心里呢！

带孩子旅行，不是告诉他们目的地或带他们去喜欢玩的地方就可以了，更不是把他们当成一件随身行李，不把他们弄丢就够了，他们跟大人一样，需要对将去的地方和将发生的事情有明确的预期，而不是懵懵懂懂地跟着大人走向未知。否则当出乎他们意料的事情发生时，他们就会不知所措、慌乱、哭闹、发脾气，也就是我们所说的"挑战"。

提前告知，能给予孩子一种心理预设，给予他们面对压力、烦恼、困难时的心理缓冲，让他们尝试做好准备再去接受、去克服，去表现得像个大人一样。其实他们本来就可以做到，只是很多家长习惯性地把他们当成小孩，以为他们做不到，什么也不跟他们说，只想着等他们哭闹、不舒服时再去处理和照顾就可以了。

未知会让人产生莫名的焦虑与恐惧，而提前告知会让孩子明明白白地生活。不管是大人，还是小孩，这种感觉都是必要的。

在很多方面，家长都可以通过提前告知让挑战不那么容易发生，让我们的生活减少很多矛盾与冲突。比如，我们带孩子去游乐场时遇到的问题。游乐场是一个多开心的地方啊，有各种好玩的，孩子带着欢快的心情前往，可是父母的心里却有隐隐的不安：“一会儿人肯定很多吧，需要排队排很久吧，天气会很热吧，孩子会烦躁吧……”可是，我们只是把这种担忧藏在心里，没有说给孩子听，结果到了游乐场，果然出现了我们之前担心的问题。

如果换一种方式，你提前跟孩子说：“今天的天气很热，去游乐场的人会很多，我们可能需要在太阳下排很久的队，你会觉得很烦躁，而且有些项目需要达到身高才能玩，你记得提醒妈妈，排队前先看一下游戏规则，如果你的身高没达到要求，我们就不排队了……”这样既能让孩子提前知道将会发生的情况，还交给他一个小任务，当他真的碰到自己玩不了的项目时，还会那么容易无理取闹吗？

当然，孩子毕竟是孩子，肯定会出现一些家长无法预期的表现。因此，**家长既要信任孩子有处理问题的能力，又要有良好的心态来面对他孩子气的表现。这样既可以减少挑战的发生，又可以在挑战发生的时候，冷静、理智地去面对。**不是焦头烂额，而是气定神闲，享受自由轻松的生活。

正面管教工具

提前告知

提前告知是给予孩子机会，让孩子对未来做好准备。成人根据自己几十年的生活经验，清楚很多事情是理所当然的，比如坐长途飞机就是难受的，去游乐场就是要排很久的队，身高不达到要求，有些项目就是不能玩，但是孩子并没有这些生活经验，他们想不到那么多，游乐场对于他们来说就是好玩的、开心的。当他们发现太阳很晒、排队时间很长、很多项目不能玩时，就会感到又失望又难受，反映在行为上可能就是无理取闹、发脾气。

但是，如果父母提前告诉孩子未来可能会发生的事情，他们的心里就会产生一种笃定的安全感，而且当这些事情真的发生时，他们的心里就会有一个缓冲的过程，挑战就没那么容易发生。否则，如果孩子的事情都由大人安排，虽然大人心里很清楚接下来要做什么，但不告诉孩子，孩子的心中会是一片茫然，再加上他们总是被动地遵从父母，很容易就会跟父母产生矛盾。

04

别给孩子太多选择，以免扰乱孩子的心

豆豆3岁的时候，我给他买了一包五颜六色的积木。一开始，他对这些积木很感兴趣，可是玩着玩着，他就变得特别不耐烦，一碰到困难，就把积木一推，不玩了。我不知道发生了什么，想办法去帮助他，帮他分类，帮他摆好，但他还是很容易烦躁。我不知道怎么办才好。

一天，我清洗完这包积木，放在太阳下晒干消毒。我发现，摆放在阳光下的这堆积木，因为颜色太多，让人感觉又乱又刺眼。我想，豆豆何尝不是这种感觉呢？于是，我收起了几种颜色，只留给他两种颜色的积木。他的世界突然变得简单了，他要么把积木摆成两列不同的颜色柱，要么两种颜色交叉摆放，尽管只有有限的几种变化，但是3岁的他玩得兴致盎然。

我一下子明白了，原来周围太多的选择给了孩子太多的干扰，当只剩下两种选择的时候，他的心反而一下子安静下来。

父母常常以爱的名义给予孩子太多的东西——满柜子的衣服，满书架

的书和玩具，24小时为孩子开放的可以做出各种食物的厨房，还有一堆围着孩子转的大人。然而，正因为孩子的身边有太多东西，才让他无法静下心来真正做出自己的选择。早晨，有的孩子为选择穿什么衣服而哭闹，有的孩子面对一桌子饭菜无从选择，有的孩子看着大人因为自己互掐而暗自兴奋。然而，当我们把有限的几件衣服搭配好，放在孩子面前，他马上愉快地做出了选择；当我们减少食物的品种，孩子反而吃得更多；当所有大人减少对孩子的关注，他反而能表现得更加独立。

这是因为，孩子的内心需要一个安静的角落，来抑制住无论何种原因而产生的冲动，需要不轻易被外界打扰，享受身心真正的安静。世界上的东西无穷无尽，孩子不可能拥有世界上所有的东西，我常常跟孩子们一起细数已经拥有的幸福——已经学会的事情，每一次的成长进步，身上的每一个闪光点……如果将关注的眼光更多地放在自己身上，我们就会发现，这个世界其实很简单、很安静、很美好。

我是个比较宅、比较慢热的人，喜欢安静的环境与时光。有了孩子后，我也是如此，对他们的养育比较随性。然而，当孩子慢慢长大，我看身边的人都不遗余力地送孩子参加各种兴趣班、各项亲子活动，我心里还是有了隐隐的焦虑。我有一个朋友，她热衷于关注各种亲子活动资讯，只要有什么好玩的活动，就会带孩子去参加。我有点儿羡慕他们丰富多彩的生活，也在想，多带孩子参加活动，对孩子一定是种很好的锻炼。可是，一到周末，我还是更愿意叫上一两家朋友，去草地上坐半天，看孩子们在旁边自由地奔跑。而对那些人很多、节目很多、环节很多的活动，我还是几乎不参加。

一次，我跟那个朋友一起带孩子出去玩，朋友的孩子待人接物确实比我家的两个孩子更大方一些。然而，整个过程中，他总是大声地说话，总是想引起别人的注意，总是很兴奋地跑来跑去，寻找自己感兴趣的东西，可又总是很快就失去兴趣。我家的两个孩子很安静，做事沉稳、专注，周围的一切对他们似乎没有太大的影响。

两种不同的生活状态，其实没有对错之分。只是在那一刻，我突然发现，如果父母愿意遵循自己的内心去为孩子做出选择，而不是随波逐流地去跟风和攀比，孩子的内心自然也会变得安静和强大。

正面管教工具

有限的选择

随着孩子年龄的增长，他们不再满足于家长说什么他们就做什么，而是希望自己拥有发言权，希望自己有所选择。孩子会先拥有部分权利，再慢慢地拥有所有的权利，而有限的选择，就是给予孩子部分的权利。

比如，当孩子在游乐场玩得不愿离开的时候，你问他："我们要回家了，你愿意像兔子一样跳着走，还是像大象一样重重地走？由你来决定。"如果孩子还是不想走，你可以和善而坚定地说："留下来不是一个选择。"然后，再次重复之前的两个选择。给出两个选择后，记得赋予孩子自主权，加上一句"你来决定"，因为这会让孩子内心的力量得到增长。

在生活中，无论是小到早餐，还是大到旅游，都可以通过有限的选择来让孩子享受部分权利。当然，前提是你所提供的选择，首先是你自己所能接受的，并且你不会通过提供选择的方式去控制孩子，而是能够真心接受孩子的每一种选择。

比如，你可以说："这次寒假旅游，我们是去雪乡，还是去海边？你来决定。"无论孩子做出哪种选择，你都能够接受。

再比如，如果你对孩子说：“明天的早餐我们是吃面包，还是吃面条？你来决定。”那么，第二天你要准备好这两种食物。

当然，孩子的回答也许并不是你所提供选项中的任何一个，而是他更喜欢的其他方式，因为他想拥有更多的权利，想自己做主。这时，家长可以考虑给予孩子更多的权利，并教会他如何建设性地使用权利，让他在这个过程中学会思考和解决问题。

05

和孩子一起制作时间表

豆豆上小学了，一个多星期的新鲜与热情过后，他的生活、我们的生活陷入全面混乱之中。早晨，闹钟响了三遍，他才肯慢吞吞地起床；上午，老师打来电话，第二次叫我们帮他把书送过去，他前一天晚上又忘记在睡前收拾好书包了；晚上快要睡着时，突然听到他一声大呼：“糟了，还有项作业忘写了！”于是，我们只好让他穿衣起床，虽然补写作业只花了5分钟，可好不容易酝酿好的睡意已经消失不见。

第二天，我站在校门口，看着瘦小的他背着大大的书包独自走向教室，我心里充满了不安。两个月前，他还是那个每天可以睡到自然醒、有问题老师会帮忙解决、没有任何作业负担的孩子，如今前方那条长长的路，充满了未知、孤独与无助。我该怎么在他最需要帮助的时候扶他一把，让他脚下的路越走越宽呢？回想起这些天的小学生活，其实于我也是一个需要适应的过程。一方面，我不想让他太累，恨不得为他万事操劳；另一方面，我又希望通过放手让他走向独立。但这两者之间需要一个平衡点。

老师第三次给我打电话让我送书的时候，我没有送。我跟老师说："这次就让他自己体验一下没带书的后果吧，让他长长记性。"回家后，他一脸的不高兴，说今天没有书，虽然同桌跟他分享了课本，但需要在书上写字的时候，他就不能写。他问："你怎么不把书给我送过来？我都听到老师给你打电话了！"我回答："整理书包是你自己的事情，妈妈可以帮你一两次，但不能每次都帮你。如果你在睡前记得整理好书包，我相信，下次忘记带书的事情就不会再发生了。"他没有再说什么。当天晚上，他认认真真地整理好书包，并把它放在了门口。

之后的很多天，豆豆再也没出现过忘记带书的情况。然而，整理书包只是众多挑战中的一个。很多时候，我感觉他是被动地被新的节奏和任务拖着走。他没有主动写作业的意识，常常不能记住所有的作业；写作业的时候，喜欢玩这玩那的，却又是一个完美主义者，写错一点儿或觉得不好看，就要擦掉重新来过，所以他写作业的速度非常慢。

看着他写作业的速度与状态，我心里很着急，帮他想了很多办法，却总是不能彻底解决问题。我想，我不能总是大包大揽，得让他自己去承担写作业的责任，而不是让他觉得"反正有妈妈帮我搞定和善后"。

一个周末的下午，趁着他情绪不错，我跟他说："关于你写作业这件事情，我们一起来想一个办法，让你既能写完所有作业，又能做到又快又好，好不好？"对于这个充满尊重与平等的提议，他很开心地接受了。然后，我们一起头脑风暴，想出很多对策。比如，他准备一个专门的本子，用来记录老师布置的作业，不会写的字，用图画或拼音代替。我们还一起做了一个时间表，将放学回家后那段时间所做的事情一项一项地排列好，并配上照片，挂在他的房间，如果忘了做哪件事，我就去提醒他。在写作业的时候，设定一个计时器，他既可以测量一次能够专注多长时间，还能记录每次写作业的时间，看看每次是否有进步。

因为这个时间表是豆豆参与制作的，所以比起我以前命令式的提醒，效果好得多。他很愿意去遵守自己提前安排好的规律：回到家休息片刻—吃水果—写作业—玩游戏。不仅如此，他还给自己的早晨也制订了一个时间表，因此早上起床的问题也解决了。经过一段时间的训练，他变得不再注重细节，专注力也提高了不少，因为写作业的速度变快，空出来玩的时间也变多了。

豆豆也感受到好习惯带给他的轻松感觉。他跟我说，小学比幼儿园好玩多了，中午有休息时间，下午放学也早，作业只要写得快，就可以剩下很多时间来玩。他终于开始有条不紊地享受小学生活了。

通过这个过程，我明白了一个道理：父母要想让孩子尽快适应新的环境或新的生活方式，最好的办法是带着爱放手，只有让他从内心把这件事当成自己的事，他才会有动力和责任去把事情做好。

正面管教工具

惯例表

建立日常惯例表，是孩子学习时间管理和生活安排技能一个很好的训练方式，能够让他体验完成日常惯例表的满足感，也会提高做事情的效率。

日常惯例表的具体做法：

◆ 选择一个生活中让你感到比较“头疼”的时刻，比如早晨起床、晚上睡觉、下午放学写作业等，和孩子一起建立日常惯例表。

◆ **和孩子一起对需要做的事情进行头脑风暴，列出这件事情的所有环节。**以晚上睡觉为例，睡觉前需要洗澡、刷牙、换睡衣、准备好第二天的衣服、讲故事、拥抱亲吻等。

◆ **和孩子一起给这些事情排序。**尽量尊重孩子的选择，哪怕他的建议有些不合理。

◆ **拍下孩子做这些事时的照片，贴在惯例表每一项的后面（或者画出来），他们会很开心。**

◆ **将制作好的惯例表挂在家里醒目的地方。**

在这个过程中，让孩子参与得越多越好。因为这是孩子自己的惯例表，而不是家长“下命令”而来的惯例表。

惯例表做好后，把管理的工作交给惯例表。如果孩子不按照惯例表做，可以问他：“看看你的日常惯例表，下一项是什么呢？”通常在这种情况下，孩子会告诉你答案，然后去做。

当然，惯例表和其他任何一个正面管教工具一样，也不是万能的，当孩子失去新鲜感的时候，可能会不愿意去执行。它可能对有的孩子非常有效，而有的孩子却并不愿意遵守。但是任何一种正确的工具和方法的使用，都可以避免因为不当的方法而给孩子带来的不好的影响。比如，就算孩子没有通过惯例表养成好习惯，但在这个过程中，家长给予了孩子自主权，让孩子去独立思考与解决问题，这对于父母与孩子来说，其实是更大的一种收获。

06

那些年，我和孩子一起做过的假期计划

上小学后，每年寒暑假，豆豆都享受着梦寐以求的生活：每天睡到自然醒，看电视、玩游戏、打架子鼓、户外运动……一直愉快地玩到快开学时，他才开始起早贪黑地疯狂补写作业。

这种既疯狂又堕落的假期生活，豆豆自己却忍受不了了。今年一放暑假，他就找我说："妈妈，因为总惦记着作业，其实我并没有玩痛快。我希望既能把作业做完，又能开心地玩！"我说："豆豆，你的想法真不错！怎么才能把你的'希望'实现呢？"豆豆不假思索地说："那咱俩做一张暑期计划表吧！"哈哈，中招！

小时候，我的假期计划表都是被爸爸妈妈盯着做出来的。我想把"和小朋友玩"写在第一项，父母不允许；我想把作业时间安排为每天一小时，父母不允许；我想安排每天两个小时的自由玩乐时间，父母不允许！他们恨不得我在暑假期间变身学习达人，既学本领，又不让他们操心。可是，我并没有变成学习达人，而是变成了撒谎高手，把阳奉阴违的功夫练

得炉火纯青。我整个暑假都在跟假期计划表对着干：每天磨磨蹭蹭地起床，找个借口就去邻居家玩到天黑；我把作业本摊在桌子上，实际上却在偷偷看小说……

己所不欲，勿施于人！所以，对于豆豆的第一张暑期计划表，我把大部分的权利都交给他，让他自己安排时间。很快，豆豆做出了一张天马行空的计划表：

周一：上午，看电视1小时，出去玩1小时，写作业半小时，吃一个冰激凌；下午，玩Xbox游戏1小时，打架子鼓半小时，吃一些巧克力。

周二：上午，看书半小时，打鼓半小时，休息1小时；下午，玩游戏1小时，写作业半小时，吃10块妈妈做的小熊饼干。

周三：上午，踢球一个半小时，玩游戏1小时；下午，打鼓半小时，写作业半小时，打牌1小时，吃一块鲜虾芝心比萨。

……

每天的内容都差不多，不是玩就是吃，一看就是享受型的。看到这份计划表，我终于理解了当年老妈和老爸的心情，真想黑着脸对豆豆说N个“不许”啊！豆豆看见我的神色，连忙强调说：“妈妈，如果暑假没玩够，开学了我还会老想着玩，还不如就让我一次玩个痛快呢！”

我说：“你第一次做计划表，就显得很有条理，即使每天一个小时的作业时间，也能把老师布置的作业做完。只是看电视的时间有点儿多，运动的时间有点儿少，是不是可以再调整一下？”豆豆想了想，调整了看电视和运动的时间。

我俩约定，这个计划先执行一个星期，如果有问题再进行调整。前3天，豆豆觉得很新鲜，还努力执行，但越到后面，他就越没有热情。做完喜欢的事，该看书、写作业时，他要么是磨洋工，要么是想方设法地逃掉。我真想对他说：“小样儿，你这一套都是老妈当年玩剩下的！”

不是说“教”是最好的学吗？我对豆豆说：“你来教妈妈制订一个暑期计划表，好吗？”这个强大的“授权”，让豆豆无比兴奋。他说：“妈妈，你先把自己想做的事情列出来，然后把它们按照顺序排列，再规定好完成时间就可以了。”我在纸上列了一堆事情，并进行分类——喜欢做的事：看美剧、做甜品、打球、和闺蜜聚会等；必须做的事：练瑜伽、看书、写作等。豆豆迅速帮我做了一张计划表。

我对他说：“我先做‘喜欢做的事’，再做‘必须做的事’吧！”豆豆没想到妈妈居然是个不听话的“学生”，和我商量说：“这样计划也可以，但是很容易到最后你就不想做‘必须做的事’了。你看，能不能调整一下？”咦，他连说话的方式都跟我很像呢！

我故意夸张地说：“好吧！那我也像你一样，交叉着做吧，这样既可以提高效率，又能劳逸结合。”于是，在豆豆的帮助下，我们又重新做了一张计划表。

豆豆没想到自己做的计划表能够得到我的肯定，高兴极了。后来，他执行起自己的计划时，热情涨了很多。因为要做妈妈的榜样，他也更能坚持了。以前我总觉得自己是在孤军奋战，现在有豆豆帮我制订计划表，还监督我执行，让我动力十足。而当坚持变成一种习惯，哪怕是那些“必须做的事”，也可以变得很享受。豆豆做作业时，我在一旁安静地看书；我俩一起看电影、做运动；他还陪我一起做甜品……整个暑假，我们过得其乐融融。

其实，我没有期望豆豆把暑假计划做得多完美，让孩子自己做计划表的目的，是让他拥有掌控生活的权力，并在执行的过程中尽情享受由此带来的成就感。

教孩子学会时间管理

怎么帮助孩子树立正确的时间观念，调动他们的积极性，是很多家长都关心的问题。家长不妨试试下面的建议。

首先，通过视频、故事、讨论的方式，告诉孩子时间的重要性。孩子会感到很惊讶，原来时间如此宝贵，短短的一分钟，一台超级计算机可以运行上万次，也可以决定一个人的命运，甚至可以改写历史。

其次，可以用图表的方式告诉孩子，在这个世界上有很多事情我们是无法改变的，比如肤色、种族、家庭出身等，但时间是我们可以管理和掌控的部分。

接下来，在讲解怎么使用时间之前，先跟孩子讨论哪些事情是“必须要做的”，哪些是“想做的”。很多时候，孩子并不能分清两者之间的区别，他们把大部分时间花在想做的事情上，比如玩游戏、看电影、和小朋友出去玩等，而不愿意去做必须做的事情，比如刷牙洗脸、写作业、按时上床等。当他们知道有些事情是必须要做的，有了这样一个清晰的界限，孩子就知道自己必须遵守时间。

然后，给每件事情做时间预算，这也是一项很重要的内容。如果时间观念模糊，做事情没有计划与安排，孩子就可能在某件想做的事情上使劲拖拉，对于那些必须做的事情就没有时间去完成了。家长可以跟孩子讨论每天看书、写作业、吃饭、玩耍等的时间，当这些时间加起来超过24小时，就说明孩子在时间管理上出了问题，这样就需要重新计划时间表。

最后，让孩子找出自己浪费时间的事情。并告诉他，浪费时间的事情分为两种。一种是因为自己的原因浪费掉的，比如看电视或玩的时间太长；另一种是因为别人的原因浪费掉的，比如坐车回家的时候堵车，别人转达错家庭作业，导致自己不得不重写。对于别人造成的时间浪费，我们没有办法去改变，但是对于自己造成的时间浪费，却可以想办法进行调整。

07

设定清晰的界限，让孩子更自由地玩耍

豆豆有个好朋友巨巨，他们不仅从幼儿园起就是同学，还是邻居。巨巨特别喜欢来找豆豆玩，而且一玩就是一下午。但是巨巨的到来让我很头疼，因为他是一个“熊孩子”。一到我家，他就开始翻箱倒柜，什么东西都往外掏，毁掉了我好几个珍爱的收藏品。而且他经常无理取闹，一遇到不满意的事情就大哭大闹，大喊大叫，弄得我特别尴尬。

被巨巨折磨了一段时间之后，我甚至想和豆豆商量：巨巨敲门的时候，你能不能假装不在家？这样，我就不用接待这个“熊孩子”了。可是这又违背了养育孩子要坦诚真实的原则。巨巨妈妈也特别不客气，把孩子往我家一送就不管了。

邻居家的“熊孩子”来了，说不得，凶不得，更打骂不得，怎么办？这可真是一场硬战！

一天，又被巨巨累得瘫软在沙发上的我，决定苦读《孙子兵法》，学习战术。**第一招知己知彼，看到孩子行为背后的原因。**知己知彼，百战不

殆，我决定先了解“敌人”，再制订作战计划。通过认真观察巨巨，我发现他之所以无法无天，一方面是希望别人都注意他，所以经常在房间里大喊大叫；另一方面，他的好奇心特别强，对什么都想一探究竟。另外，巨巨妈妈对他比较骄纵，即使到了别人家，他也显得没有规矩。

其实，越不可爱的孩子越需要爱。巨巨只是渴望得到更多的关注，希望大人满足他的好奇心，更重要的是，他需要家长给他设立界限，这样他才更有安全感。了解巨巨的心理之后，我不再对他反感，而是开始怜爱他。之后我不仅心态变得更好，而且确定了自己的行动方向。

第二招顺势而为，把孩子的挑战变成游戏。巨巨爱动，喜欢说个不停，动个不停。一天，他把我挂在门口的围巾包在头上，大叫：“你们看，这是我的黑武士面具！”以前，我总是不停地制止：“巨巨，这个不能玩；巨巨，这个危险；巨巨，这个可千万别摔坏了……”巨巨根本不听，而且玩得更起劲了。因为了解了巨巨的心理，我知道他想让大家都注意他，于是我顺势而为，递给他一支玩具剑，鼓励他继续表演：“确实很像，这里有一把剑，你拿在手里就更像黑武士了！”之后，我还叫豆豆一起，我给豆豆也披上“战袍”，3个人演了一场天行者大战黑武士的戏码，打得天昏地暗！淋漓尽致地玩了一场之后，巨巨下午变得非常安静，跟豆豆一起玩了很久的积木，没有再去抽屉里乱翻东西。

然而，黑武士的游戏让巨巨念念不忘。后来，他每次来我家，都会跑到我身边哼哼唧唧：“阿姨，你别忙了，先跟我们玩嘛！阿姨，快点儿！”我稍有怠慢，他又开始在屋里捣乱，翻箱倒柜。

我在心里默念一遍“顺势而为”，然后把巨巨常翻的几个抽屉搬出来，说：“今天我们玩的游戏叫视觉大冒险。我发给你们每人5个小盒子，你们要以最快的速度把里面的东西归类，并且说出理由！”整理分类本来是一件很烦琐的事，但是融入了游戏因素，两个孩子都开心地埋头苦干起来。几分钟后，一抽屉乱七八糟的东西，被两个孩子分装在5个小盒子里。我再把小盒子往抽屉里一放，抽屉顿时变得整洁有序了。玩过这个游戏之后，巨巨就不再那么喜欢翻箱倒柜了，因为他发现整理真是一件超级麻烦的事！

而因为我给予了巨巨足够的理解与尊重，他变得更愿意听我的话。我蹲下来，扶着他的肩膀，对他说："阿姨非常欢迎你到家里来玩，但是阿姨家的规矩跟你家里可能不一样。既然你想来玩，就要遵守阿姨家里的规矩，你愿意吗？"他点点头。接着，我又对巨巨说："这几个抽屉是孩子的玩具，经过豆豆的同意后，你们可以一起玩。但那边的抽屉和柜子是大人的东西，不能随便翻。如果你想邀请阿姨陪你们一起玩，阿姨不忙的时候非常乐意，但是当阿姨忙的时候，你觉得你们可以怎么做？"巨巨抢先回答："那我们等你忙完！"就这样，我给巨巨立好了规矩。

给孩子立规矩，并不等于给孩子下命令，而是让孩子在体验中进行思考和总结。如果家长给予孩子清晰的界限，他在玩的过程中反而会更加自由，因为他知道哪些事可以做，哪些事不能做，从而不会轻易去破坏规则。

第三招以逸待劳，帮助孩子开辟新战场。因为巨巨的好奇心比较强，特别喜欢动，我决定带他和豆豆做户外运动。男孩总有无穷的精力，如果把他们局限在一个很小的空间里，他们表现出来的行为就是破坏。有时，两个孩子一起踢球，我在旁边跑步；有时，他们玩沙子，我在旁边安静地看书。在广阔的天地间，巨巨在家里让人很头疼的那些行为，都变得微不足道了。

有的孩子（像豆豆）安安静静地在家里玩就会很开心，而有的孩子（像巨巨）天生需要广阔的天地来展现他的力量。家长能做的，就是尊重每一个孩子的特点，让他们的生命恣意地绽放。

教孩子该做什么

传统的养育方式是告诉孩子不要做什么，当挑战发生的时候，家长说得最多的就是各种“不语言”：“不要哭，不要吵，不要老是这样……”“不语言”的态度是强硬的，也是不平等的，还很容易让孩子感到困惑：我不这么做，那我可以怎么做？而且家长说多了，孩子会觉得厌烦，容易产生逆反或者放弃的心理，因为他的行为总是被大人否定。

正面管教倡导以正面、积极的方式去引导孩子，强调“教孩子该做什么，而不是不要做什么”，家长给予孩子尊重、明确的指示，孩子会更加愿意遵守。比如，家长可以尝试这样说：“慢慢走，轻轻拿，把鞋子放在鞋架上摆整齐……”而不是：“不要跑，别把杯子打碎了，鞋子不要乱放……”

在陪豆豆打架子鼓的过程中，我发现老师不停地纠正他的动作，先是一边做错误的示范，一边说：“你不要这样。”然后，老师又做一遍正确的动作，说：“你应该这样。”这样的教学方法，让我觉得非常混乱，而且连读的否定让豆豆的兴趣不断降低。后来，我找老师进行了沟通，希望她能多从正面去鼓励孩子，尽量少做错误的示范，直接告诉孩子正确的方式就行了。老师很年轻，她听取了我的建议，虽然没法尽善尽美，但后面的课程顺利了很多。

“教孩子做什么”是家长在养育孩子过程中必须承担的责任，可是很多家长总是指望孩子能自己学会如何做事情，还认为自己告诉孩子“不要这么做”，是为了他好。而事实上，**告诉孩子“做什么”和“怎么做”才是最重要的。**

08

不做孩子的“代言人”

孩子的成长，如同一棵麦苗从小绿芽到长出麦穗的过程，需要阳光雨露的滋润，需要经过岁月的历练以及严格的、不可逾越的生长顺序。孩子通过眼睛的观察、身体的感知和大脑的思考去慢慢认识这个世界，从笨拙、幼稚逐渐走向熟练与成熟。然而，很多父母常常忍不住拔苗助长，试图帮助孩子跳过这些笨拙、幼稚的阶段，直接到达熟练与成熟这个目标。这样造成的结果是，孩子因为没有经过必要的历练，没有遵循儿童发展的自然规律，他们的成长反而会慢于正常的速度，甚至造成不可逆转的伤害。

其实，每一个独立的儿童都懂得如何照顾自己，知道怎么吃饭、穿衣，做自己力所能及的事，他们乐意去表达自己的观点和感受，在这个过程中，他们很多时候并不需要大人的帮助，也不愿意被大人代劳。虽然他们不能像大人所预期的表现得那么优秀和出色，但是通过这个过程，他们能够从错误中总结经验、不断学习，从而发展内在的力量，增强自信心。

家长如果想让孩子大胆地做自己，就要把成长的机会让给孩子，不要做孩子的“代言人”。

“放”出来的能力

跟很多中国孩子一样，贝贝从一出生开始，就处于一个备受关注的家庭环境中。他们家是典型的“劳动力过剩”家庭，贝贝妈妈全职在家，还有4个老人轮流来帮忙。老人包办了所有的家务，也几乎包办了贝贝的成长。

贝贝从7个月开始学习爬行，她一看到东西就两眼放光，正想爬过去一探究竟，奶奶走过来，一把抓过东西递给贝贝，说：“宝宝，你是要这个吗？给！”

贝贝10个月时，想自己抓着小床的栏杆站起来，每次一点点的成功都带给她巨大的喜悦，她乐此不疲地重复这个动作，慢慢地她站立的时间越来越久。外婆一看到贝贝想站起来，就把她扶起来，说：“宝宝，想站高高吗？来，外婆帮你。”

贝贝13个月时，开始学习走路了，她张开双手，摇摇摆摆，每前进一小步，她都兴奋不已。摔倒了，她自己站起来，刚走一步，又摔倒了……妈妈心疼地走过来，把她抱在怀里，说：“宝宝摔疼了吧？我们休息一下。”

贝贝1岁半时，想自己拿勺子吃饭，她发现自己可以把东西塞到嘴里，于是更加努力了，但她笨拙的小手还是不可避免地把食物涂到脸上、头上、衣服上，撒在桌子上、地上。几个大人一起过来，有的擦嘴，有的收拾桌子，有的抢过勺子开始喂饭，说：“怎么搞这么脏啊？这多难收拾啊！”

贝贝2岁半时，拿着一件衣服拼命地往头上套，经过努力，她的头终于钻出来了，她很兴奋地喊妈妈。妈妈走过来，迅速地把衣服脱下来，又穿上，说："宝宝，衣服穿反了，应该这样穿！"

渐渐地，贝贝习惯了大人无微不至的照料。到了幼儿园后，她不再自己动手吃饭，而是等着老师来喂；午睡的时候，也不会自己穿脱衣服……她总是一副不开心的样子，懒懒地坐着，等着有人来帮她。有一回，老师帮她把裤子摆好正反面，让她自己穿进去，她却说："我怕穿错了。"老师告诉她，这样穿进去就不会错。可她还是不愿意动手，说："我还是穿不好，我会把裤子穿得斜斜的。"据老师说，班上这样的孩子其实不少，他们缺乏自己动手的勇气，害怕失败，原因是从小开始，他们想做的很多事情不是被大人代劳，就是被大人否定，因此他们总觉得自己做不好，对自己没信心。

后来，经过老师向贝贝妈妈建议，贝贝妈妈在家里尽量多给贝贝自己动手的机会，多鼓励和肯定她。慢慢地，贝贝开始主动吃饭、穿衣，做自己能做的事情，并享受到其中的乐趣。而她在幼儿园的生活也变得更加轻松快乐了。

孩子的成长是在一次次的历练中逐步完成的，每一次站得更高、看得更远，都会让他们更加自信。

"慢"出来的自信

乐乐妈妈总觉得乐乐太内向，胆子小，在家还算能言善辩，但一到外面就"㞞"了。说这些话时，乐乐妈妈脸上显出一副恨铁不成钢的表情。

一天，我跟乐乐妈妈带着两个孩子一起去游乐场。在路上，我们碰到了乐乐妈妈的熟人。离熟人还有一段距离时，乐乐妈妈就紧张地对乐乐说："见到叔叔要打招呼啊！"可是，走到跟前时，乐乐却一句话也没说。叔叔并不在意，问乐乐："乐乐，跟妈妈去哪里玩啊？"乐乐正想回答，妈妈抢先说："这孩子，太害羞了，别见怪啊，今天我们去游乐场玩。"叔叔一离开，妈妈马上开始指责乐乐："刚刚叫你打招呼，你怎么不打呢？大人问你话，你怎么不回答？"乐乐委屈地说："我刚想回答，你就替我说了！"乐乐妈妈听后，一时说不上话来。

这一幕让我不禁想起自己童年时父母对待我的方式，跟乐乐妈如出一辙。自己好不容易积攒的勇气，因为父母的代劳，在一瞬间土崩瓦解。最后，我干脆放弃与人交谈，内心的受挫感至今还记忆犹新。我有了孩子以后，为了不让他们跟我有一样的遭遇，我总是有意识地给予孩子时间和机会，鼓励他们自己去表达。一次，我带豆豆去文具店买计数棒。到了文具店，豆豆却怎么也想不起计数棒的名字。当时，我很想帮助他说出来，但是看他努力想自己表达的样子，我还是忍住了。他想了一会儿，说："有很多根的，用来数数的，数学老师要求我们买的。"简单的三句话，让店员一下子明白了豆豆想要的东西。后来，豆豆对于通过自己的描述顺利买到计数棒颇为自豪。

因为我从不催促孩子，所以在很多事情上，哪怕孩子一开始表现得很胆怯，后来也会慢慢地找到自信。在豆豆的英语课上，每个孩子有两分钟的自由演讲时间，每个人可以描述自己喜欢的运动或小动物，也可以讲述开心或难过的事情。但是，豆豆很少开口。经过和老师的沟通，老师也很认可"让他慢慢来"，没有给豆豆施加压力，而是采用了提问的方式，老师问一句，豆豆回答一句。老师告诉我，有时他回答得很慢，有时他选择不回答，但是老师并不催促他，只是适时地给予他一些提醒。这样，既让孩子有思考的时间，又让他根据提醒想到完整的答案。终于有一天，还没等老师开口，他就一口气讲了两分钟的内容。

听到老师告诉我这个消息，我不由得感叹：其实每个孩子都渴望表达自己、挑战自己，只要父母肯停下脚步，等待他们慢慢成长，给予他们鼓励与支持，他们就会尽情绽放。

“让”出来的智慧

在商场，我们常常听到这样的对话：“宝宝，你想要什么？”“巧克力！”“巧克力对牙齿不好，你选别的吧！”“那我选这个饼干吧！”“这个口味的饼干不好吃。”“那就选果冻吧！”“果冻危险，会噎住，你再看看？”“不看了，你说买什么就买什么吧！”

当孩子还小的时候，可能只是选择吃什么、穿什么，长大以后，他们会选择交什么朋友、考什么大学、读什么专业、到哪个城市生活等。大多数父母总觉得孩子是自己的，替他们做选择是理所当然的事情。可是，**如果孩子从小没有自主选择的机会，做什么事情都不需要进行思考和判断，那么等他长大后，面对很多人生大事，需要自己拿主意的时候，就会不知所措，不由自主地去依赖父母。**

豆豆幼儿园即将毕业的时候，我的一个朋友从国外回来，我们准备陪朋友一起去爬黄山。豆豆也很想去，但如果去的话，就会错过幼儿园的毕业会演。我们当然希望他能留在家里，由我在家陪他。对于大人来说，这是一个很理所当然的选择。但是孩子的想法不一样，他并不觉得毕业会演有多重要，而是觉得和爷爷奶奶、爸爸妈妈、弟弟一起出去玩更有意思，所以坚持要去。如果他决定去黄山，全家的旅行对他来说是很有意义的时光；如果他选择留下来，黄山一直都在，但毕业会演错过就没有了。在跟他分析了两者的利弊之后，我们还是决定让他自己做出选择。

经过一天的考虑，他决定留在家里。虽然当时我有大吁一口气的感觉，但也为接受他的另一个选择做好了准备。错过一场毕业会演，真的会给他造成很大的损失吗？很多时候，是父母自己放不下，总想以自己多年的人生经验来为孩子做主，但孩子真的需要这样做吗？

因为我们常常给予豆豆自主选择的权利与机会，所以他在遇到事情的时候，会独自去思考，并做出自己的判断。在很多事情上，他都会自己拿主意，并坚定自己的选择，用心做好并用心享受做事情的过程。

让孩子做自己力所能及的事情，给孩子思考的时间与机会，让他自由地表达，让他替自己做主，为自己代言。所以，父母不妨闭上自己的嘴，从孩子身上拿开自己的手，给他们自由和权力，让他们按照自己的方式成长。

正面管教工具

放　下

“放下”不是一件容易的事情，家长常常不自觉地去干涉、包办、拯救或放弃孩子。

小福3岁多时，吃饭时喜欢在椅子上动来动去。我常常跟他说：“小福，你再在椅子上动来动去，我就要请你离开餐桌！”“这是最后一次，如果继续这样，我就把你的碗收起来！”但事实上，我并没有按照自己说的去实施。我的“威胁”对他来说没有任何意义，我自己也清楚地知道，用威胁来对付孩子并不能让他按照我的期望去做。况且吃饭是他自己的事情，他已经3岁半了，为什么我总是替他承担责任呢？

想到这些，我让小福坐在我身边，跟他说：“这几天每次吃饭的时候，妈妈都为你在椅子上动来动去的事情觉得有些生气，我需要不停地把你抱上椅子，帮你把椅子挪到桌子旁边，我觉得这样很累，也影响了我吃饭，你觉得你怎么做才能既不影响我，又能让你好好吃饭呢？”

他回答："那我不动了。"

我说："如果你想动呢？"

他回答："那你不要说我，只告诉我'你动了'就行了。"原来对于我不停地说，他也感到很不耐烦。

我又问他："你觉得你需要换个位置或换把椅子吗？"

他说："不要。"

我说："好的，如果你在吃饭的时候还是不停地动，我提醒你两次后，就请你从椅子上下来，并且不能再吃饭了，直到下一顿才能吃，可以吗？"

他同意了。我们就这件事情达成了一致的意见。到了吃晚饭的时候，我帮他摆好位置，并且重新提醒了一下之前讨论的结果。他在前半段确实没乱动，但到后面又控制不住开始动起来。我按照约定，只是提醒了他一下，没有多说什么。我想，我需要多给他一点儿时间，相信他能做到。

第二天的午饭时间，他表现得不错，看得出来，他在有意识地控制自己。但是到了晚上，他不仅不停地从椅子上上上下下，还发明了一个笑话，逗得哥哥笑个不停，自己也笑得快要钻到椅子下面去。我跟他说："如果你还不坐到椅子上，我就把你的碗收走，并且到明天起床之前都不能吃东西。"然后，我真的收走了他的碗，并让他饿到了第二天。我相信，事情在变好之前往往会变得更糟，这只是孩子的另一种试探方式，所以我坚持了之前的约定。

在整个过程中，我用逐步放手的方式，教小福去承担责任、解决问题、学会自律。慢慢地，他吃饭时不再动来动去，能够认认真真地把一碗饭吃完。

只有当家长学会放手，相信孩子能做到时，他才能真正学会解决问题。如果家长总是帮助孩子包揽责任，那么很多事情孩子都只是被动接受，他会觉得这是父母的事，而不是自己的事。

就像孩子吃饭这件事，很多孩子不好好吃饭，大都是因为没有把吃饭当作自己的事情。从吃饭这件事，可以延伸到起床磨蹭、写作业拖拉等其他事情上。如果家长觉得孩子的某个坏习惯持续了很长时间，而且情况越来越糟糕，就可以先反思一下：你自己是不是真的“放下”了？

放下，并非意味着不管孩子，而是说要放手让孩子学习责任感和能力感。通过“慢慢放下—花时间训练—退后—相信孩子能从错误中学习”这个步骤，带着爱放手吧，孩子需要为自己的成长负起责任。

CHAPTER 07

正确鼓励，让孩子在鼓励中健康成长

真正的爱，是无条件地接纳孩子，是睁大眼睛去关注孩子的优点；不是用嘴，而是用心去看见孩子、发现孩子；即使在糟糕的情况下，也能找到孩子值得鼓励的地方。这对于孩子的一生，是多么大的幸运与幸福。

导读

鼓励，是父母能给予孩子最好的礼物

在我从事正面管教家长培训的几年里，学员常常问我，正面管教以及其他教育孩子的方法和工具有很多，你觉得最重要、最有效的是哪个？我回答：“如果你看完一本书，上完一期家长课堂，还是不知道怎么养育孩子，那你至少要记住一个工具——鼓励。”

美国一位教育家曾经说过一句话：“在教育孩子的事情上，除了鼓励，我不知道还有什么方法。”在我自己养育孩子的经历中，我不止一次地跟身边的朋友分享鼓励带给我和孩子的影响和改变。如果我们知道怎样去正确地鼓励孩子，对孩子的影响将是巨大的。恰当的鼓励能让孩子恢复信心与勇气，能让孩子积极地看待自己，能唤醒孩子内心的生命力，从而让他建立起自己的内在评价系统，不依赖于外在的评价，做一个内心力量强大的人。

01

孩子需要鼓励，就像植物需要水

我们这一代人，很多从小到大都不知道“鼓励”为何物。记得小时候，我有一次考了全班第一名，回家后我把成绩单拿给爸爸看，等待着他的表扬，结果他看完后，很冷静地说了一句：“不错，但不要骄傲，数学扣了两分，下次要考双百分。”顿时，我像被泼了一盆冷水般，心中的自豪感一下子消失殆尽。在后来的成长经历中，我渐渐知道，很多家长之所以这样做，是为了防止孩子骄傲自满。

我从小不是那种开朗大方的孩子，特别害怕在公众面前表演或发言。有一次，我爸爸和他的几个朋友带着各自的孩子吃饭，别的孩子都在大人的怂恿下，有的唱歌，有的跳舞，有的讲笑话，只有我害羞地躲在爸爸身后。爸爸恨铁不成钢，当着众人的面损我，说：“我这孩子就这样，上不了台面。”其实，那时我多么希望爸爸能给我一句安慰或鼓励，因为我也希望自己能像其他孩子一样，可以大方地表现自己，但是我做不到。

后来，我有了自己的孩子，老大豆豆跟我小时候一样，不敢在公众场合发言。在幼儿园，他连简单的答“到”的勇气都没有。老师告诉我，点名的时候，其他小朋友一个比一个大声地回答“到”，只有你家宝宝，害羞地低下头。当时，我的第一反应跟我的爸爸妈妈对待我小时候的方式一样，我想对他说：“就一个‘到’字，一个字而已，有那么难吗？”但是，我把到了嘴边的话收了回来。

回家后，我跟豆豆说：“妈妈知道你有些害怕，但是我知道你在努力，对吗？”我抱着他，指着他喉咙的部位，跟他说：“今天这个‘到’字已经到了喉咙这里，只是你还不敢让它冒出来，对吗？明天让它再上升一点点，等你准备好了，那个‘到’字就会从你喉咙里冒出来了。”

后来几天，他每天回家后都指着自己的喉咙跟我说：“妈妈，‘到’字到这里了！‘到’字又上升了……”那副认真而坚定的样子，让我感动极了。我看到自信在他的心里一点点地增加。

但是，有时豆豆还是觉得很不自信，常常否定自己的努力，觉得自己就是不可以，永远都比不上其他同学。他跟我说：“妈妈，老师说，愿意大胆发言的孩子才是男子汉，才勇敢，我是不是不是一个勇敢的孩子？”

我跟他说：“妈妈看到了你的努力，虽然你很害怕，但是你在一点点地克服困难，你愿意一次又一次地去尝试，妈妈觉得这就是勇敢。”

他一下子释怀了，不再纠结于别人对他的看法，而是更加自由地做自己，接纳自己不敢答‘到’这件事。在这个过程中，我没有催促，而是耐心地等他准备好。

后来，真正等到他把这个“到”字说出来，用了将近一年的时间。但是一年后，他如同一朵含苞欲放的花朵，彻底绽放了。他不仅大声地答“到”，而且肯大胆地上台表演节目。虽然相对其他孩子来说，他在台上表现得并不是那么落落大方、自信满满，但是对于他来说，这已经非常不容易了。他为此付出了很多努力，这对他来说是莫大的肯定与鼓舞，他能从中得到成就感，也对自己充满了信心。

我很庆幸自己没有用责备的方式让孩子感觉到更加孤立无援，而是用鼓励的方式，耐心地等待孩子一点点的进步。

事实上，孩子的生命历程就是这样的。孩子初生时，对这个世界一无所知，他的能力几乎为零，所以在孩子最初的生命经历中，他绝大多数的记忆都是失败的经验。他没法自己拿东西，没法独立行走，没法表达，没法自己满足自己的需求……所以，生物的自我保护本能使得他对周遭所处的环境充满恐惧。如果没有成年人耐心的指导和训练，他很难学会复杂的人类行为。只有作为成年人的家长站在孩子的背后，不断地鼓励孩子，孩子才能逐渐学会做各种技能，这其中包括家长最关心的孩子的学习能力。孩子通过学习，累积了一些成功的经验，这才逐渐建立初步的自信。

然而，当孩子做不好事情的时候，比如，不会做一道题，不会弹奏新学的钢琴曲，不会跟人友好地相处，等等，家长总是批评和惩罚孩子，期望孩子从中得到教训。他们对孩子有所期待，却不肯花心思去帮助孩子，更不肯去鼓励孩子。而得不到鼓励的孩子，不仅无法激发出潜在的力量去做一件事，去战胜自己，而且很可能因此而否定和怀疑自己。

我们可以回想自己童年的经历，经过父母的打骂之后，你从中得到长进了吗？如果在我们不会做或做错的时候，父母能够跟我们说一声“没关系”，耐心地告诉我们应该怎么做，并鼓励我们一定能够做到，那么我们从中得到的就不仅仅是解决问题的能力，还包括以后自己面对问题时的自信与勇气。

鼓励在孩子的成长过程中至关重要。正如个体心理学大师德雷克斯所说，孩子需要鼓励，就像植物需要水。可是，就如同很多人会把花养死——有的人会忘记浇水，有的人会浇水太多一样，很多家长都不知道怎么鼓励孩子——有的家长很少鼓励孩子，有的家长则崇尚“赏识教育”，但因为方式不对，结果却适得其反。

如果家长学会正确地鼓励孩子，你会发现，就如你突然打开了一扇窗，你会看到孩子更多的潜能和天赋，看到解决一件事情时更多的可能性，也会在原本以为黑暗无光的世界里看到希望，看到一束光。

正面管教工具

用鼓励代替激励

有网友总结了10句最伤孩子的话，包括：

“你怎么这么笨？”

“我说了一百次，你怎么就是不听呢？”

“我说不行就不行！”

“我再也不管你了，随你的便吧！”

“你再这样，我就不喜欢你了。”

“你若考了100分，我就给你买……”

“都是一样的孩子，你怎么就不如别人呢？你看看某某……”

“就知道玩，一提学习就没了精神。”

在大多数人的童年期间，这些话几乎随时充斥在我们耳边。我们感觉自己被否定、被抛弃、不被爱、没有安全感，却又不敢反抗，因为父母说这么说是为了激励我们做得更好。而事实并非如此，因为在人感觉不好的情况下，是很难去把一件事情做好的。

新时代的父母，可能不像我们的父母一辈那样，故意用这样的语言去“激励”孩子，以希望他从中得到反省与教训，但很多时候，这种激励的语言还是会脱口而出，给孩子带来伤害。很多错误，也都是以“激励”的名义犯下的。

回到孩子身上，他们不会因为惩罚带来的情绪和潜意识的决定来发展积极的品格，相反，他们会因为感觉糟糕而产生更多负面的情绪或行为，比如自我否定、叛逆、报复或者可怕的顺从等。

对于父母而言，想用激励的方式希望孩子做得更好，其实往往是因为他们不知道应该怎么做，很容易在过度控制与放纵这两种无效的方法中间来回切换，给孩子带来混乱。而现在我们知道，可以用鼓励代替“激励”。

换一种思维，当你希望孩子做得更好时，请用尊重与鼓励的方式对待孩子。这意味着你愿意去看见孩子的需求，接纳孩子的气馁，找到孩子值得鼓励的每一个小细节，即便遇到再糟糕的情况，也要去鼓励孩子。

在养育孩子的过程中，“看到”其实是比“做到”更为重要的事情。如果仅仅是追求让孩子“做到”，却没有“看到”孩子，结果很可能会与我们的期望背道而驰。当然，家长不仅要看到孩子表面上的需求，更要看到孩子内心真正的渴望。

在上文的案例中，豆豆不敢答“到”，他希望自己的害怕、犹豫和担心能被父母看到，能够得到安慰与鼓励。我告诉他，这很正常，不敢答“到”并不代表你就是一个不勇敢的孩子，相反，在很害怕的时候，你还愿意一次又一次地去尝试，这就是勇敢。当孩子真正的需求被看到时，他才会更加愿意去做接下来的事情，这时“做到”就变得水到渠成了。

02

鼓励孩子，首先要善于发现孩子的优点

我曾经碰到这样一位妈妈，她多次给我留言咨询问题，有时觉得孩子太粗心，会做的题目老是做错；有时觉得孩子的专注力不够，别的孩子一坐就是两小时，他连3分钟都坐不住；有时又抱怨“为什么别人家的孩子琴棋书画样样精通，我家孩子怎么学什么都不行”……对于这样的问题，我很少正面去回答，因为我知道自己无法解决她的问题。

后来，我问她，如果让你说出孩子的10个优点，你觉得是什么？她想了半天，最后写了5个给我。她说：“缺点我可以说出一大堆，但优点我真的想不出来，我的孩子太让人头疼了。”我又跟她说：“那你试着从这些缺点里面找到好的那些方面，比如，你觉得孩子做事很拖拉，但其实他拖拉的背后，是不是也有好的方面呢？”她想了想说：“因为她做事太细心了，总要做到最好，感觉不够好时，她就要重新来过，所以就越来越慢了。”我说：“对，细心就是她的优点，你要记下来。”后来，她在孩子的每个缺点里都找到了对应的优点。我告诉她，下次当你再为这些所谓的

缺点感到烦恼的时候，试着去关注她的优点，并给予她恰当的鼓励。

大概一个月后，这位妈妈很兴奋地告诉我："丹丹老师，用了你的方法后我发现，当我把关注点放在孩子的优点上时，那些困扰我很久的问题消失了。之前我太纠结于孩子的缺点，常常为此焦虑不安，所以，每次孩子出现这些问题，我就用批评、指责的方式去对待她。有一天，我想了一下自己的情况，我从小生活在一个非常严厉的家庭中，我父母对待我的方式就是这样的，我的感觉特别不好，我感到害怕、担心、生气，被一些负面的情绪所包围。而且慢慢地，我相信自己就如同父母所说的那样有很多缺点，我确信自己就是这样的人。长期以来，我的孩子也是如此，她越来越不自信，表现也越来越糟糕，我觉得这是她长期被否定、得不到鼓励的后果。后来，当我关注于孩子的优点，我自己的感觉好了，就会更多地去鼓励孩子，孩子在我的支持与鼓励中表现得越来越好，我们的关系也越来越融洽。"

这个案例中的问题，其实是很多父母都存在的问题。父母把关注的眼光放在孩子的缺点上，试图用批评与惩罚的方式让孩子从中得到教训，从而改正缺点。可是，他们却发现自己进入了一条死胡同。很多家长都有同样的感受：为什么我一心为孩子着想，他们却嫌我啰唆？为什么对于孩子的那些小毛病，我说了无数遍，他全当耳旁风，甚至说得越多，他的行为越是变本加厉？这是因为，实际上很多家长都有这样的想法——孩子的优点不用说，它们跑不了。所以，家长总是去关注孩子的错误和缺点，总拿自己的孩子和别人的孩子作比较，拿有问题的学生和优秀的学生作比较。然而，在这无休止的比较中，孩子逐渐失去了自我，失去了自信。他们认为，无论自己怎样努力都得不到进步，也得不到家长的认可，没有成就感，不如干脆放弃，或做出一些不当行为来寻求归属感和价值感。

心理学大师德雷克斯说："一个行为不当的孩子，是一个丧失信心的孩子。”如果家长一方面要求孩子表现好，另一方面又总是打击孩子，孩子得不到鼓励，就如一棵植物得不到水，他如何健康成长呢？

在我的家长课堂上，常常会有这样的环节，让大家说一说孩子带给自己的挑战有哪些。当大家你一言我一语地把挑战说出来后，都会心地笑了——原来不只我家有“熊孩子”，大家的遭遇似乎都差不多。事实就是这样，不是“别人家的孩子”都那么好，只是我们没有看到自己孩子身上的优点而已。

如果你觉得孩子存在某个缺点，那么“亮点原则”几乎是改掉孩子缺点的唯一渠道。所谓亮点原则，就是说家长要睁大关注孩子优点的眼睛，看到孩子身上好的一面，去挖掘缺点背后的优点。**用支持和鼓励去帮助孩子，孩子反而更容易改掉缺点。**当然，家长只有把关注点放在孩子的优点上，多看到孩子好的一面，真心去爱孩子，才能发自内心地去鼓励孩子。当孩子找到做“好孩子”的感觉，随时能感受到父母的温暖和期望时，他们就会对自己充满信心，慢慢对所学的东西产生兴趣。

关注孩子的优点，是家长学习鼓励孩子的前提。如果你觉得自己的孩子带给你太多挑战，让你感到很困扰，你们的亲子关系很糟糕，那么首先问一问自己：当孩子走到我面前时，我的眼睛是否会发亮呢？如果答案是否定的，你可以给自己布置一项作业——有意识地寻找孩子身上的优点，这项作业一定会带给你意想不到的效果。

正面管教观点

睁大眼睛去关注孩子的优点

当孩子犯错的时候，家长常常认为只有帮孩子指出错误，才能让孩子获得成长，而事实上，如果家长使用支持和鼓励的方式去帮助孩子，孩子反而更容易把事情做好。

这是因为，一方面，父母给孩子传递了爱的信息，当孩子犯错的时候，其实他内心非常沮丧、非常需要爱与肯定，父母的支持和帮助能够让孩子感觉到归属感和价值感，从而让他有足够的精力关注于事情本身，从错误中得到学习，培养和发展各项能力。

另一方面，父母鼓励孩子做得好的地方，会让孩子恢复信心，处于一种感觉良好的状态中，并有机会从体验中学习，发现自己做得不够好的地方。家长在孩子犯错时批评和责难孩子，实际上恰恰阻碍了孩子从中学习。

03

用对方法，才能让鼓励发挥神奇的作用

很多家长说，我经常鼓励孩子啊，但还是没有用，甚至孩子对我的“鼓励”很是厌烦；有时，我还没说出口呢，他就说话了：“你就知道这么说，我都听烦了！”

这让我想起一个故事，说的是一家四口出门旅行，爸爸和妈妈坐在前面，哥哥和弟弟坐在后面，兄弟俩刚经历过一场打斗，哥哥心里想：“如果有一个东西，能把我们的汽车切开，把弟弟坐的部位给切掉该多好，那样就没人跟我吵架了。”而面对突然安静了好一阵子的车内环境，妈妈说了一声：“哥哥，你真乖！”听完妈妈的夸奖，哥哥想起自己刚才那些可怕的想法，突然一下子发飙了。他的内心是羞愧的，是气急败坏的，各种复杂得不知道如何表达的情绪交织在一起，导致他突然拿起座位前的烟灰缸，狠狠地砸在地上，顿时车厢里全是烟灰的味道。妈妈不知道哥哥怎么了，本来好好的，怎么表扬他一句，他反而发飙了呢？难道表扬他也有错吗？

如果妈妈当时知道哥哥心里这么想，一定不会这么表扬他。这个时候，如果妈妈只是说："车里这么安静，我感觉很放松。"或许就不会引起哥哥那么大的情绪。那些类似于"你真棒""你真听话""你真乖"之类的赞美，会给孩子带来很大的压力，而且听起来很敷衍，不会给孩子带来良好的感觉。如果家长实在不知道怎么表扬孩子，可以只是描述一下自己当下的心情，孩子能感受得到你的想法。

我们可以回想一下，看自己有没有经历过这样的场景：孩子兴致勃勃地拿着刚画好的画走到你面前，希望听听你的看法。可是你一边看手机，一边扫了一眼，随口说了一句："真棒！画得真好！"孩子的眼神顿时暗淡下去。他没有听到想听的话，而是明显地感觉到你在敷衍。这个时候，如果你能够停下手中的事，用心地跟孩子说："我看到这幅画的线条很自然，色彩的搭配很协调，而且我很喜欢你画的这只蓝色的大象，这个想法很有创意……"这样的表达，才会让孩子感受到你的鼓励。

对于赞美和表扬的话，我们几乎不用思考就可以脱口而出，而鼓励的话则是需要经过用心思考才说出来的。而正确的鼓励方法，就是看到孩子的努力，看到孩子做得好的地方，并详细地描述出来。

在小福不到两岁的时候，有一天，他把散落在门口的鞋子一对一对地摆好。爸爸回来后，我赶紧告诉他这个好消息："今天我看到小福把家里所有人的鞋子都一双一双地摆好了！"我故意把这句话说给小福听，结果你知道发生了什么吗？到了下午哥哥放学快回来的时候，他紧张地坐在门口"守株待兔"，一见哥哥脱了鞋，就飞快地冲过去，把哥哥的鞋子整整齐齐地摆好了！

那个动作，那个迅速、紧张、不顾一切冲上去的样子，让我们在场的人都哄堂大笑。但是在大笑的背后，我在思考一句简单的描述鼓励的价值。我没有说"小福真能干，会帮妈妈干活儿了"，只是简单地描述了事实。但它赋予孩子的力量是巨大的，它激发了小福内心的力量，让他想把这件事情做得更好。

鼓励的语言，不像表扬的语言那么夸张、华丽，它可能就是我们日常生活中很朴素的语言，比如，“我看到你帮妈妈收拾了筷子、碗和杯子”“谢谢你过马路的时候一直紧紧地跟着妈妈”“我相信你可以自己做决定”。但是这样的语言却是真诚的，能够带给孩子力量的。

如果家长平常不知道如何运用鼓励，可以记住鼓励的3个句式：

- **描述式：**我看到、我注意到……例如，我看到你把书桌上的书都归类放好了。
- **感激式：**谢谢你、感谢你……例如，谢谢你今天帮妈妈收拾桌子。
- **赋予力量式：**我相信、我坚信……例如，我相信你自己能处理好这件事情。

其实，家长要说出这些鼓励的语言并不难，但为什么很多人却吝啬于鼓励孩子呢？不是因为不会说，而是因为我们看不到鼓励的正面作用，觉得孩子做得好是理所当然，做得不好才需要指出。

说孩子“聪明”“能干”“真棒”等很容易，我们几乎可以不经思索地脱口而出，而说出孩子具体做的事情，则需要家长用心去看到孩子。正确、恰当的鼓励，不是通过嘴，而是通过心来真正地肯定孩子、欣赏孩子、接纳孩子。

鼓励与表扬的区别

从小到大，我们常常会听到“你真棒”“你真乖”“你真是一个男子汉”“你真勇敢”这样的话。然而，我们并不希望得到这样的表扬，有时甚至感到厌烦。因为如果父母总说我们表现好，当我们表现不乖的时候，心里就会感到特别内疚，特别有压力；父母总说我们是坚强的孩子，当我们想哭泣的时候，却不敢在人前大胆地哭泣。

这样的表扬，等于给孩子贴上了标签，内化到了他的心里。他会认为自己就是一个这样的人，如果没有做好，他就会去寻求别人的认同，这时他的行为就变成了一种取悦，而不是来自他内心的动力。

鼓励与表扬的区别在于，鼓励不是空泛地给孩子贴标签，而是客观地描述孩子的行为。不是说“你真能干”，而是说“我看到你自己穿好了衣服，穿好了裤子，系好了鞋带”；不是说“你画得真好”，而是说“你的这幅画，线条很明朗，色彩搭配很协调，这些蝴蝶栩栩如生，给整个画面增添了很多活力”……简言之，就是从细节上去描述孩子做得好的地方。

此外，表扬常常以家长为主角。例如，“你考了全班第一名，比其他所有人都厉害，我真为你感到骄傲。”**而鼓励是以孩子为主角。**例如，“你取得的成绩是你努力的结果，你一定很为自己感到骄傲。”

最后，恰当的鼓励能够引发孩子的自我评价，提高他做事情的内在动力。家长在表扬时，往往会说很动听的语言，长此以往，可能会让孩子容易依赖于别人的评价，而不关注于自我评价。

04

鼓励孩子不能只停留在嘴上，而是要付出行动

曾经有一阵子，豆豆很害怕失败，不敢尝试，遇到一点儿困难就想退缩。一次，他从幼儿园带回一个迷宫玩具，连续两次没走出去，就再也不肯玩了，他沮丧地对我说："妈妈，我根本走不出去！"还悄悄地把迷宫玩具藏了起来。玩不玩迷宫无所谓，但是这种害怕失败、不敢尝试的心态引起了我的注意。

为了鼓励他，我给他讲了爱因斯坦和3个小板凳的故事，然后告诉他："豆豆，只要你肯用心、肯努力，一定会玩得越来越好的！"激情澎湃地说完这些话后，我自己都觉得备受鼓舞。没想到豆豆却委屈地说："妈妈，我又不是爱因斯坦，干吗和他比啊？你不是总说每个孩子都是独一无二的吗？我就是我，我就是不如他厉害！"

这时，我突然发现，名人励志故事其实是有副作用的——豆豆认为我是在拿他和名人做比较，是在告诉他：名人很厉害，而你很差！从小听着爱因斯坦、爱迪生、林肯、华罗庚故事长大的我，一时间束手无策。

一个偶然的机会，我看到一部短片：有一对相依为命的泰国母女，妈妈以贩卖蔬菜为生。一次，年幼的女儿发现，隔壁的豆芽摊子生意特别好，便萌生了让妈妈种豆芽的念头。面对女儿的提议，只上过小学四年级的妈妈说："那我们来试试吧！"但一次次的失败接踵而至，因为她们最初甚至不知道豆芽不是种在土里的。母女俩没有放弃，她们一起查资料后，知道了种豆芽的办法。她们用捡来的矿泉水瓶做了一个自动的浇水装置，早、晚各给豆芽浇一次水……让我印象最深刻的是，每次女儿失败后，妈妈总是一副信心十足的模样，对女儿说："没关系，我们来试试吧！"然后，她陪女儿一起想办法，一起去解决困难。我恍然大悟：原来我之前没有身体力行地鼓励豆豆。语言的鼓励很重要，但对于害怕失败的孩子来说，光有语言上的鼓励还远远不够。

一周后，幼儿园老师要求每个小朋友交一幅才艺作业。豆豆说："妈妈，我不想交了。我没像其他小朋友一样上过兴趣班，画画不行，书法也不好……"面对沮丧的豆豆，我没有急着说出鼓励的话，而是带着他和弟弟小福一起玩游戏，先让他的心情愉悦起来。

趁着豆豆午睡时，我跑到图书馆去看绘本找灵感，还真找到一本！回家后，我把借来的《小黑鱼》绘本故事讲给豆豆听：

在大海里，住着一群快乐的小红鱼和一条小黑鱼。有一天，一条凶恶的金枪鱼把好多小红鱼吞到了肚子里。这条小黑鱼幸免于难，它逃到大海深处，既害怕又孤独，伤心极了。之后，它看到了一群小红鱼。因为同伴被大鱼吞食的可怕经历，它每天只敢躲在礁石和海草的影子里看着这群小鱼。小黑鱼不想过这样的生活！他想啊想啊，终于想到一个办法：让所有的小红鱼都紧紧地游到一起，组成一条超级巨大的红鱼，小黑鱼则做大鱼的眼睛。当"大红鱼"遨游在广袤的大海中，连鲨鱼都被吓跑了。于是，小黑鱼和小红鱼们又过上了快乐的生活……

听完故事后，豆豆赞叹不已："妈妈，小黑鱼真棒、真聪明！"我问豆豆："小黑鱼为什么能战胜可怕的鲨鱼呢？"豆豆毫不犹豫地回答："因为它想出了一个好办法啊！"我启发他说："除了把才艺作业做得好以外，把作业做得好玩也是一个好办法哦！"豆豆犹豫了一会儿，小声说："嗯，好玩的作业，听起来好像不太难……那我试试吧。"

接下来，我陪豆豆去郊外寻找好玩的办法。豆豆一边走，一边四处看。突然，他指着地上的红叶，问："妈妈，这些红色的叶子，像不像故事里的小红鱼？"我把叶子捡起来，认真地看了看，说："有点儿像！"豆豆说："那我们能不能用这些树叶做成小红鱼呢？"我兴奋地说；"好主意！"之后，我和豆豆捡了各种颜色和形状的树叶、种子和小草，做了一幅海底世界的树叶画。树叶画并不精致，但因为好玩，最终在一堆才艺作业中脱颖而出。老师和小朋友们围观豆豆的作业，连声赞叹。豆豆的自信心顿时爆棚："原来没上过兴趣班，我也能行啊！"

这次经历让我更加注意用行动去鼓励豆豆。征得豆豆的同意后，我陪他一起参加了"社区送牛奶"的志愿者活动。给第一家送牛奶时，豆豆站在门前一动不动，不敢敲门，也不敢张口说话。我在一旁笑着向他示范怎么敲门。到了第二家，我鼓励他自己敲门，豆豆做到了。到了第三家，我鼓励他和屋主打招呼，把牛奶递给对方……豆豆很快就能独自完成全套程序，而且有了信心。随后，我还陪他一起去跳蚤市场卖东西，一起参加夏令营活动……每一次，我都陪伴他一起面对困难，一起想出好办法。

豆豆让我知道，鼓励不能只停留在嘴上。**父母行动上的陪伴与支持，才是让孩子真正战胜困难的强大力量。**

正面管教观点

用行动支持和鼓励孩子

人类在最初的生命中所具备的能力几乎为零，基于生物自我保护的本能，在缺乏鼓励的情况下，婴儿几乎不敢做任何尝试，他们几乎所有的能力都是通过成人手把手、一步一步引导和鼓励而习得的。

大人似乎都懂得婴儿的这个特点，因此在他们尚小的时候，愿意耐心而细致地去引导孩子。但是当孩子慢慢长大后，家长寄予他们的期望越来越高，总是指望孩子自己能学会所有东西，如果没达到家长的期望，家长就会感到失望，从而批评甚至责罚孩子。然而，孩子在学习的过程中如果缺乏成人的指导和训练，很容易受到挫折。当他们受到挫折时，如果得到的不是帮助，而是批评与指责的话，他们的信心与兴趣就会遭到巨大的打击。

如果家长能用行动去支持和帮助孩子，让孩子感受到做事情所带来的成就感，就能够激发他们内在的力量。当一个孩子内心的力量强大起来，在面对挫折时，就会有更好的抗挫折能力。因此，要想让孩子获得真正的成长，家长的鼓励不应该只停留在嘴上，还需要从行动上去支持和帮助孩子。

05

再糟糕的情况，也有值得鼓励的地方

家长给予孩子鼓励，不仅是当孩子表现好的时候给予他赞赏，让他好上加好，而且要在孩子表现并不那么好，甚至是表现很糟糕、失去兴趣、缺乏信心的时候，也要给予他鼓励，让他重新恢复信心与兴趣。

豆豆上一年级的时候，跟大多数孩子一样，对学写字特别没信心。他们班上有很多女孩子的字写得特别工整，老师每天都会在班上表扬她们。而豆豆的字呢，不仅写得很大，还总像散架了一样，卷面也总是黑黑的、乱七八糟的。这样的字显然得不到老师的表扬，以至于他在心里断定：女孩子的字都写得好，男孩子只有少部分写得好，而我属于写得不好的那一类。

老实说，每次看到豆豆写的字，我心里都咯噔一下，这样的字看起来真让人觉得是一种折磨。但是看到他灰心的样子，我就不忍心去批评他，因为如果连我也去打击他，他就更没信心了。于是，每次我都会先深呼吸几下，跟他说："这一横写得很直，这一竖也没偏，这个字的左边和右边靠在一起了，哇，你把它们写进了格子里……”

一开始，我觉得自己有演戏的成分，但是当我用心去寻找那些写得好的地方，我真的发现了它们的好。那一刻我相信，如果想让孩子把某一件事情做好，不能把他做得不好的地方揪出来，一个个进行纠正，而是用心去发现孩子做得好的地方，去真诚地鼓励他。

后来，豆豆的字慢慢地越写越小，卷面也越来越干净，虽然他在班上仍然不属于写得好的那一类，但让我特别满足的是，他写作业的速度非常快，一张两面的A4纸卷子，他通常十多分钟就可以写完。他也不再抗拒写作业了，在鼓励的环境中，他的不安和不自信慢慢消失，他对自己越来越有信心，正因为如此，他写起作业来很流畅，速度提了上去。

有一天，豆豆找到一张扇形的纸，像模像样地写了一幅书法，贴在墙壁上。有同学来家里玩，看到墙上的字就笑话他。他说：“我觉得我写得挺好的，这是我写得最好的一幅。”可见，鼓励让孩子不再在乎外在的评价，而是能够建立起自己的内在评价系统——我觉得自己可以，不管你们怎么说。

常有父母跟我抱怨孩子写作业太慢，一个字不满意，就擦掉重新写，反反复复，因此一页作业常常要写上半个小时。我了解原因后发现，很多父母在孩子初学写字的时候，不断指出他们写得不好的地方，这个不好，那个也不行，必须擦掉重写，久而久之，孩子就觉得“我的字就是写得不好”，而且养成了写得不好就擦掉的习惯，这样一来，速度当然会很慢。

其实，当孩子学习一项技能的时候，他何尝不知道自己做得并不好。这个时候，他常常会感觉到灰心、不知所措、沮丧，他需要从大人那里得到信心和勇气，得到指导，而不是打击与批评。

再糟糕的情况，也有值得鼓励的地方；鼓励是帮助孩子恢复或保持信心和兴趣的唯一途径。

随着兄弟俩慢慢长大，我开始让他们参与一些家务，比如，洗过床单被罩后，让他们帮我铺床。在我的记忆里，每次我想帮妈妈一起铺床单的时候，她都会非常迅速地把床单在空中漂亮地一抛，然后，床单几乎完美地盖住床垫的每个角，她只需要再轻轻地整理一下就可以了。我记得那时候自己的感觉是“哇！妈妈好厉害，而我永远也做不到”。所以，在我成为妈妈后，我没有做很强的妈妈，而是叫孩子们自己想办法把床单铺好。

一开始，他们面对比自己大很多倍的床单显得手足无措，甚至找不到哪边长、哪边短，几次求助于我。我没有动手，只是给他们一些提示。后来，两人终于齐心合力把床单摊开到床上，但铺得皱皱巴巴、弯弯扭扭的。然而，他们却兴奋地用期待的眼神看着我，希望我说些什么。我没有像我的妈妈那样，告诉他们床单两边不一样齐，上面也不平整，更没有迅速地把床单整理好，然后告诉他们应该怎样做。我只是说了一句话：“哇！床单差不多把床都盖上了！”兄弟俩听完，兴奋地跑出去了。

第二天早晨，他们叫我去他们的房间，指着床说：“妈妈，你看，床单两边一样齐，上面也很平整。”

对他们的表现我感到非常吃惊，我以前认为，当孩子做不好一件事情的时候，我只要教他、帮助他，练习几次，他就学会了。而事实上，**多给予孩子自己动手的机会，并在糟糕的情况下找到那些值得鼓励的地方，他反而会更加积极地去想办法提高自己。**

对于家长来说，教孩子做一件事情并不难，但在糟糕的情况下去鼓励孩子，却不是一件容易的事情。有一篇文章，曾经在网络上疯狂地传播，也是曾经给我很大启发的一个故事。

这个故事的名字叫《三次家长会》，讲的是一个母亲第一次去儿子的幼儿园参加家长会，幼儿园的老师对她说：“你的儿子有多动症，在板凳上连3分钟都坐不到，你最好带他去医院看一看。”

回家的路上，儿子问母亲，老师都说了些什么？母亲鼻子一酸，差点儿流下泪来。因为全班30位小朋友，只有自己的儿子表现最差。然而，她还是告诉儿子：“老师表扬你了，说你原来在板凳上坐不到一分钟，现在能坐3分钟了。其他的妈妈都非常羡慕我，因为只有你进步了。”那天晚上，儿子回家后破天荒地吃了两碗米饭，并且没有让大人喂。

后来，儿子上小学了，母亲再次去参加学校召开的家长会。老师对母亲说：“这次数学考试，全班50名同学，你儿子排在第49名，我们怀疑你儿子的智力有些障碍，你最好带他去医院查一查。”

回去的路上，母亲流下了泪水。然而，回到家后，她十分亲切地对坐在桌前的儿子说：“老师对你充满信心。老师说你并不是个笨孩子，只要能细心些，就一定会考得更好。”说这话时，她发现儿子暗淡的眼神一下子充满了光亮，沮丧的脸也一下子舒展开来。

孩子上了初中，学校又一次召开家长会。她坐在儿子的座位上，等着老师点儿子的名字，因为每次开家长会，儿子的名字总是在差生的行列中被点到。然而，这次却出乎她的预料，直到会议结束她都没听到儿子的名字。母亲反倒有些不习惯。临散会时，母亲去问老师孩子的情况怎么样，老师告诉她：“以你儿子现在的成绩，考重点中学还不太有把握。”

母亲怀着欣喜的心情走出校门，她发现儿子正在等她。路上，她扶着儿子的肩膀，心里有一种说不出的幸福感。她告诉儿子：“班主任对你非常满意，老师说，只要你努力，很有希望考上重点高中。”

儿子高中毕业的那年，在第一批大学录取通知书下达的日子，学校打来电话，让儿子到学校去一趟，母亲此时有一种预感，儿子可能被某名牌大学录取了，因为在报考时，她跟儿子说过，她相信儿子有能力考取这所学校。

儿子从学校回来了，把那所名牌大学的录取通知书递交到母亲的手里，然后，他突然转身跑到自己的房间里大哭起来。他边哭边说：“妈妈，我一直都知道，其实我并不是一个非常聪明的孩子，是您这些年坚持不懈地鼓励着我……”

母亲听后悲喜交加，再也按捺不住十几年来聚积在心中的泪水，任它打在手中的信封上。

这就是鼓励的力量，真正的爱的力量。真正的爱，是无条件地接纳孩子，是打开眼睛去关注孩子的优点；不是用嘴，而是用心去看见孩子、发现孩子；即使在糟糕的情况下，也能找到孩子值得鼓励的地方。这对于孩子的一生，是多么大的幸运与幸福。

正面管教工具

鼓 励

很多琴童的家长常常焦头烂额：当时孩子热情洋溢地想学一门乐器，可是刚学几个月，就到了“谈琴色变”的地步。

在跟这些家长交流的过程中，我发现，大多数家长，都在孩子学琴的过程中带给他们很多负面的感觉。比如，在孩子弹琴时，家长不断地纠正、指责，打击孩子的热情；当孩子懈怠时，家长喜欢拿自己的孩子跟别的孩子做比较：你看某某早就会弹了；一旦孩子有放弃的念头，家长马上进行批评：这点儿小困难都克服不了，以后你什么也做不了，或者进行威胁与贿赂：你今天不弹完就不要吃饭，你弹得好我就给你买玩具……久而久之，孩子便对弹琴失去了兴趣，而将焦点转移到与家长的斗争上：我要怎样做才能逃过一次弹琴？怎样才可以取悦父母？怎样控制他们才能得到我想要的东西？

无论是学琴还是课堂上的学习，很多孩子都经历过一段枯燥、无聊、跟不上、犯错等这样一个时期，如果这时父母选择的是指责、说教、比较、威胁、贿赂等方式，那么这个时期就可能被无限期延长，最终导致孩子对此失去兴趣。

而如果在这个过程中，父母能够去体谅、理解、接受孩子的情绪，用健康的方式鼓励孩子，结果可能会大不相同。因为鼓励是保持孩子兴趣、提高他们热情的最好方式之一。

怎样用正确的方式去鼓励孩子呢？可以参考以下的技巧：

- **不贴标签，不拿孩子跟其他人做比较；**
- **以孩子为主角，客观描述孩子值得赞赏的行为；**
- **指出孩子细小的进步，即使再糟糕的情况，也有值得称赞的地方；**
- **可以通过“纠正前先连接”来鼓励孩子。**

举例来说。孩子帮忙收拾桌子时，你可以跟他说：“你收拾了桌子、盘子、盛汤的碗、餐巾纸，还打扫了桌下的饭粒，很尽职尽责。”

孩子写字很糟糕，你可以找出细小的进步，鼓励他：“这个字写得很工整，这一横看上去很有力度，这个字母的格式完全正确，这一行看上去很整洁。”

孩子考了全班第一名，你可以跟他说：“你为这次的考试准备了很久，这是你应得的，你一定也为自己感到骄傲。”

CHAPTER 08

停止操劳，给孩子有质量的陪伴

不追求把事情做得完美，不做让自己心力交瘁的事，不把时间浪费在没有意义的操劳上，而是用一种最舒适的状态，跟孩子待在一起。因为对于孩子来说，父母自己就是最好的礼物。

陪伴孩子时，如果家长扮演高高在上的角色，短暂的和平相处后，可能很快就会陷入命令、说教、干涉的状况中，无法跟孩子快乐地玩到一起。跟父母在一起时，孩子一边玩，一边做着最为敏锐的观察，他能判断出你是在敷衍他，还是全身心地投入其中陪伴他。如果你在敷衍他，他很快就会生气和泄气；而如果你很投入，他就会很兴奋，并在这个过程中发展出尊重、合作、创造力等多种能力。

其实，在生活中的很多事情上，都可以让孩子成为主导者，父母以参与者和引导者的角色陪伴孩子，全情投入，只在适当的时候给予孩子引导。如果父母没有受到邀请或者被请求帮助，只做一个旁观者就好，别轻易去打扰和干涉孩子。家长与孩子之间保持合适的距离，家长把自己放在合适的位置上，扮演合适的角色，才能给予孩子真正有质量的陪伴。

01

探索游戏：陪孩子玩，不如让孩子自己玩

我和先生曾经以“游戏达人”自居，因为我们几乎脑子一转，就能想出一个新游戏。只要告诉豆豆和小福游戏的规则，引导他们怎么做，全家人就可以快乐地玩一个晚上。

这种良好的感觉一直持续到今年春节前夕。当时，我们正在玩“武士决斗”的游戏。我带着豆豆，先生带着小福，分成两组扮演星球大战的绝地武士和黑武士，互相打斗、偷袭、追赶。刚开始玩的时候，孩子们还很兴奋，可玩着玩着，他们就觉得没意思了。豆豆失望地说：“这个游戏不好玩！”我和先生都愣住了，为什么这个游戏不好玩呢？

就连过年期间，我俩心里也惦记游戏的事儿。元宵节时，因为天气太冷，我们没带孩子们出去赏灯，一家人窝在家里。听着外面鞭炮声声，豆豆坐不住了，说：“我好想出去猜灯谜啊！”我跟先生对视一下，心中暗喜：“有了！”我神秘地跟孩子们说：“等爸爸妈妈半个小时，我们会给你们一个惊喜！”

接着，我和先生又是搜集资料，又是打印图片，分别给7岁的豆豆和3岁的小福设计了10多个谜语。根据谜语提供的线索，豆豆和小福需要找出藏在谜底所指示地方的卡片。每张卡片都有不同的分值，最终谁收集的分值越高，得到的奖品就越好。

孩子们拿到自己的谜语后，兴奋地在家里跑动起来。一会儿兴奋地大叫："哦！'绿色发光的仙人掌'，就是放在书房的台灯嘛！'好有福气的杯子'，不就是小福的杯子嘛！"一会儿又急得大喊："'空气啊，好清新'，是什么东西啊！爸爸，这个图上的东西，家里没有啊！"一会儿听见豆豆的抱怨："妈妈，你们给弟弟出的题目太简单了，他找到10分了，我现在才找到5分！"一会儿又听见小福的紧急求助："哥哥，这个是不是指大书架啊，我怎么找不到卡片啊！"尽管豆豆的分值落后于弟弟，但他还是耐心地帮弟弟分析："图片上虽然有书，但是书不多，更像是爸爸电脑桌上方的小书架。你自己去找吧，我不能再帮你了，帮你就是作弊！"于是，小福又屁颠屁颠地跑动起来。

在整个游戏过程中，我跟先生都没有参与，只是在一旁看兄弟俩如何思考和合作，如何去解决问题；我们看着他们欢笑、惊喜，也看着他们沮丧到想要放弃。但令我们欣慰的是，兄弟俩既能独立探索，又能互相帮助。在那一刻，整个世界都是他们的，虽然有很多未知，但是他们充满了期待，玩得十分投入。

我不禁开始思考：为什么父母带他们一起玩游戏时，他们觉得没有意思，而这种自由探索的游戏，却让他们兴致勃勃呢？

这时，我忽然想起豆豆和小福刚学会爬、站、走时的情景。为了鼓励他们探索，我总是有意识地放手，并且为他们创造合适的条件与环境。于是，他们用尽一切办法去感知这个世界，感受自由探索带来的成就感。

但是，当他们慢慢长大后，我却习惯性地以爱的名义为他们提供过多的信息，剥夺了他们独立思考和探索的机会。很多时候，我喧宾夺主，不仅告诉他们游戏要怎么玩，还要亲自带着他们玩。于是，孩子们按部就班地玩着游戏，既没有挑战，更没有成就感。实际上，游戏真正的主角是孩子，父母只要当一个参与者和引导者就好了，因为这样更能激发他们的欲望与潜能。

元宵节过后，我和先生开始有意识地在游戏中增加探索的成分。豆豆最爱走迷宫，我和先生就创造了迷宫游戏：先在一张大纸上画上迷宫图，再在每一个交叉口设置不同的问题。比如，走左边，可能会碰到野兽；走右边，路途会比较遥远，你会选择走哪边？你要怎么做才能保证最快到达，同时又不会受伤呢？其实，有时两边都能到达终点，但这个思考与讨论的过程却既让孩子们感到刺激，又让他们学到了很多东西。

我们在设计游戏时，不再从自己的喜好出发，而是结合孩子的兴趣来设计。豆豆特别喜欢《猫武士》这本书，还给家里的每个人都取了书中的名字：爷爷是族长蓝星，爸爸是武士鸦羽，妈妈是武士叶池，他自己是学徒松鸦爪，弟弟小福是小幼崽鸽翅。我们特意给豆豆设计了一个迷宫游戏——一个学徒成为武士的必经之路。他每经过一个分岔口时，都会兴奋地站起来跳一下。慢慢地，豆豆学会了自己画迷宫和设计问题。当他把一幅思维缜密、千变万化的迷宫图展现在我的面前时，我的内心有抑制不住的欣喜！

曾经我以为带孩子们开开心心地玩游戏就是陪伴孩子最好的方式，现在我明白了，放手让孩子去自由探索、发现、创造，才是真正有意义的陪伴方式。

启发式提问

随着孩子年龄的增长，他们不再满足于家长怎么教，自己就怎么做，也不再满足于家长给他们提供的选择，因为他们想拥有更多的权利，想完全由自己做主。然而，他们并不一定具备独立思考和独立解决问题的能力。而给予权力是他们提高能力的必经之路。家长要停止告诉孩子答案，而是用启发式的提问去引导孩子进行思考。

在使用启发式提问时，需要注意的是：

◆ 不要一开始就问“为什么”或“为什么不”，因为这样的提问会让孩子感觉到质疑与否定，引起他本能的反抗和拒绝回答。正确的方式是使用“怎么”“哪里”“什么”等疑问句来问，提的问题越具体、越小，就越有效。

◆ 当一方很生气或烦躁时，就停止提问，等双方都冷静下来之后再提问。

◆ 让孩子自己得出结论，允许孩子不知道，这是思考的开始。

我们在带孩子们玩“探索游戏”时，如果兄弟俩碰到实在无法解决的问题，我们不是直接告诉他们答案，而是用启发式提问引发他们自己去思考，在实际生活中也是如此。例如：

“你要怎么做，才不会让你的牙齿感觉不舒服呢？”

“商场里人很多，你又很兴奋，要怎么做才能玩得开心又不会走丢呢？”

“8点上课，家离学校有20分钟的路程，我们现在要怎么做才能保证在7:40之前出门呢？”

“你现在很想在小河边玩冰块，你觉得我们明天怎么做才能既保证有玩冰块的时间，又不会上学迟到呢？”

如果常常进行这样的启发式提问，你会发现，孩子通常会给出自己的答案。**家长需要注意的是，确保你的问题是发自内心的、符合当时情形的，并且你真的很好奇地想知道孩子的想法和感受，而不是你心里早已预设了答案。**否则如果孩子的回答和你的预期不一样，你就会感到抓狂，从而想方设法地控制孩子。

02

父母幽默的力量

我从来没有把自己跟“幽默”这两个字联系在一起，尤其是为人母以后，我会因为考虑过多或要求完美而焦虑、失去理智，从而为自己找借口：我已经够忙碌了，我不想再要求自己有多幽默。

一次偶然的机会，我参加了一个由美国心理专家组织的家长沙龙。在专家讲课的过程中，他要求在座的各位都展现出与孩子相处过程中自己贪玩、搞笑、幽默的一面。我发现每个人都做得很好，很多人都说，这次的表现完全不像平常的自己。在这个过程中，很多矛盾轻而易举地就被幽默化解了，原本愤怒的情绪也转变成了快乐。

回家后，在与孩子相处的过程中，我也试着运用幽默的力量来化解我与孩子之间的矛盾。

从家通往学校只有5分钟的路程，但豆豆有时要走上10多分钟。他有时会跟我说着说着就停下来，有时会爬上路边的栏杆，有时又软绵绵地靠在我身上，表示走不动。

以前，我一贯的做法是提醒一次，警告一次，数“1、2、3”，不听就惩罚，最后两个人常常闹得很不愉快。但这一次，我跟他说：“哦，你现在是想当一岁的不会走路的宝宝，对吗？来，妈妈抱抱。”我把他横抱在怀里，他立马进入角色，舒服地躺着，嘴里发出咿咿呀呀的不会说话的声音。过了一会儿，我把他放下来，说：“好了，宝宝现在两岁了，两岁的宝宝只能慢慢地走，还需要妈妈拉着手，还会边走边玩。”我说的时候，他还配合我，表演得入木三分。

我接着说：“好了，现在宝宝3岁了，可以独立走了，而且走得很快……现在宝宝4岁了，走得更好了，像个大孩子了……现在6岁了，像个大人一样，在过马路时会看有没有车再决定是否通过……”那时，他只有5岁，说他走路像6岁的孩子，那可是对他最大的赞美。

从那以后，从学校到家的路都充满了欢声笑语，我再也没有焦虑与愤怒的感觉，他也觉得跟妈妈玩这样的游戏比在路边逗留好玩多了。不久，他不再玩这个游戏了，但好好走路的习惯却保留了下来。

每个孩子都会有叛逆期，你说东，他往西，他用反抗和不合作来挑战父母的耐性。这个时候，父母往往最容易失去理智。但如果父母换个思路，尝试用幽默、好玩的方式来化解，说不定轻轻松松就解决了问题。

豆豆3岁时，还不愿意自己穿衣服，我给他穿的时候，他扭来扭去，完全不配合。有一次，我故意把上衣穿到他的腿上，然后很惊讶地说：“咦，为什么穿不进去呢？”他马上回过头来，说：“妈妈，你穿错了，这是上衣！”我又把上衣套到他头上，说：“这个帽子真好看呀！”他哈哈大笑起来：“妈妈，这不是帽子！这是衣服，是这样穿的。”说完，他自己把衣服穿到身上，然后再“教”我怎么穿裤子、怎么穿袜子……整个过程只用了很短的时间，而且是在笑声中结束的。

通过这两件事，我感觉到了幽默的力量，原来幽默不仅能让自己的内心平静下来，还会把原本可能愈演愈烈的矛盾轻而易举地化解掉。我开始把这种力量变成一种习惯，在遇到问题时，不是去焦虑和愤怒，而是懂得冷静地看待问题，用幽默的方式去处理。

豆豆吃饭的时候喜欢说话，这样不仅不利于消化，而且会让吃饭的时间无限延长。我曾经尝试过责骂、说教、到了时间就收走饭碗等各种办法，但都没有用。

一天，我笑着跟豆豆说："豆豆，我们来一次边说话边吃饭的比赛吧，看谁厉害。"他一愣，马上说："肯定我厉害啊！"然后，我们开始不停地说话，同时试图把饭往嘴里塞。他很快发现自己做不到同时说话和吃饭，桌子上喷出一堆饭，我们都笑得东倒西歪。我趁机跟他说："嘴巴可以用来说话，也可以用来吃饭，但是不能同时做这两件事。吃饭的时候如果说话，就没法再吃饭了，你觉得呢？"他肯定地点点头，跟我说："妈妈，以后我吃饭的时候再也不说话了。"说实话，当时我很诧异，我没想到一个幽默的小游戏会有这样立竿见影的效果，一个一直解决不了的问题，竟然因为这个小游戏迎刃而解，原来幽默拥有这么大的力量。

让我更加惊喜的是，豆豆在生活中也学到了幽默的品质。有一次，他在和小朋友玩的过程中，有两个小朋友争执不停，他走过去，说："你们这样解决不了问题，这样吧，我们一起来唱一首歌，你们两个谁能在歌唱完之前捡到最多的树叶，就听谁的。"这个提议得到了大家的赞同，其他小朋友都唱歌，发生争执的两个小朋友拼命地捡树叶。结果，到最后大家都忘了之前发生争执的事，开开心心地唱着歌捡起树叶来。

幽默，其实来自内心的冷静与乐观，来自对生活积极向上的态度，幽默的人往往都相信自己拥有解决问题的能力。家长在使用幽默跟孩子进行互动时，是用正面的方式给孩子带来快乐，并教给他们生活的各种技能和常识。用幽默化解矛盾，可以化愤怒为快乐，化干戈为玉帛，也可以为你带来亲密无间的亲子关系。

正面管教工具

幽默感

幽默感是非常简单好用、积极健康的正面管教工具。本文通过陪孩子走路、给孩子穿衣服两个案例，可以看到，幽默能够轻而易举地化解矛盾，让孩子和家长的内心都变得平和与喜悦。

在运用幽默感这个工具时，核心词是“欢笑”与“乐趣”。比如，家长可以把自己化身为挠痒痒怪物，一边把“魔爪”伸向孩子，一边跟不愿意收拾玩具的孩子说：“挠痒痒怪物要来捉没有收拾玩具的小朋友了。”比起向孩子下命令：“快收拾玩具！”前一种方式是不是会有更好的效果呢？

有两个孩子的家庭，当孩子打架时，你走过去，把他们叠在一起说：“叠猪猪了！”是不是能够很快地把孩子们的注意力从打架转移到和父母一起玩的乐趣上来？

有意识地在生活中运用幽默感，不仅能培养孩子尊重、关爱、轻松的生活态度，而且欢笑是最有效的良药，能帮助我们缓解压力，也是建立心与心的连接所不可或缺的因素。

03

仪式感让孩子相信自己足够好

为人父母，孩子总有一些时刻让我们觉得特别骄傲。这时，我会在心里感慨：这是哪来的福气，让我有个几近完美的孩子！然而，也有一些时刻，孩子会让我们觉得很失落和茫然，让人感到束手无策。

4岁的小福喜欢画猴子，每天都画一幅送给我。我不遗余力地鼓励他，说："这幅画的线条非常优美，颜色搭配得很好看，每一只猴子都各有姿态，妈妈就像到了动物园一样！"小福听了乐滋滋的，兴致高涨。连续两个月，我都会收到不同的猴子图，我甚至以为下一个达·芬奇要诞生了。

然而，好景不长。一天，豆豆跟小福说："这不是猴子，是减了肥的熊！"小福突然就不画了。或许是新鲜感和热情减退，或许是哥哥的话让他受到了挫败，我用尽办法鼓励他，也没什么用。

8岁的豆豆练架子鼓也是如此。尽管我是他最好的听众，每次都恰如其分地给他送上掌声，他也回报我一次比一次更完美的演奏。但他的兴趣还是在一点点地减退。终于有一天，他跟我摊牌："妈妈，我不想练架子鼓了，天天对着这么一堆东西，烦死了！"

我不知道怎么办才好，因为我做梦都在回味小福送给我的那些萌萌的猴子图，以及豆豆敲打架子鼓时帅帅的样子。但是我又不能逼迫孩子，只好眼睁睁地看着小福3个月都不摸画笔，只好每天跟豆豆讨价还价般地商量练习架子鼓的时间。

周末的一天，我看到兄弟俩又在玩一款叫作"松果王国"的游戏。他们每个周末有两小时的电子游戏时间，这款游戏他们已经玩了一年多。我忍不住说："不就是搬松果、建房子吗？也没啥好玩的啊！"没想到豆豆很认同地说："对呀，我也觉得这个游戏很无聊，但我很喜欢每次升级之后的感觉。"他告诉我，每次升级时游戏里都会撒花庆祝，画面很炫酷，音乐也振奋人心。他玩一个小时，就是为了感受升级时的那两分钟，觉得自己太帅了！

豆豆的话让我心头一动：游戏中的撒花庆祝，其实不就是我们每个人都想要的仪式吗？我也可以把它用在孩子们的学习与生活中啊！

在我的生日前夕，我悄悄地对小福说："妈妈好希望小福送一幅画作为我的生日礼物哦！"小福毫不犹豫地答应了。很快，一幅有山有水、有草地、有房子的画就送到了我面前。这次，我不仅真诚地表达了赞赏和感谢，还对他说："看到这幅画，我就像来到了一个山坡上，有水从山脚下流过，微风轻轻地吹过我的脸庞。我觉得美妙极了，妈妈要把这幅画裱起来，贴在我的床头！"接着，我郑重其事地找来黑色卡纸，把画贴在卡纸的最中央，让这幅画看上去既简单又大方。裱完画之后，我把这幅画小心地贴在墙壁上，退后两步，静静地欣赏着它。整个过程中，小福一直站在我的身边，他的脸上满是喜悦与自豪。

第二天，他又画了一幅画给我，我马上把它裱好贴在墙上。第三天、第四天……他都出其不意地送来一幅最新的画作。我给他开辟了一面作品墙，专门用来贴他的画。就这样，他画画的兴趣又回来了！

有了这次搞定小福的经验，我知道该怎么对待豆豆练架子鼓的问题了。我在豆豆的房间布置了一个观众席，并在门上贴上标志，上面写着“豆豆演奏会第一场”。每个月，我们家都会举办一场小型的家庭演奏会，豆豆负责演奏，我客串主持人，先生和小福是观众兼粉丝团。

豆豆虽然以前也喜欢打鼓给家里人听，有时还强烈要求练习时有一个人旁听，但为他专门举办演奏会这件事，让他觉得非常自豪和享受。为了演奏会，他更加努力地练鼓。比起其他物质的承诺与奖励，演奏会让他发自内心地想去做得更好。

这就是仪式感带给人的力量，让人觉得自己被重视，让某件事变得与众不同，让某样东西显得更有价值。我从仪式感中获得了很多灵感。后来，豆豆烦恼自己写不好作文时，我把他的日记配上插图装订成书；我和先生给小福办了一个小型画展，邀请他的好朋友来参加。虽然他们的作品都是不完美甚至有些拙劣的，但在这个过程中，他们收获了更多的信心与热情。小哥儿俩搂着我的脖子，说：“妈妈，我们觉得好幸福，谢谢你！”我知道，那一刻他们强烈地感受到了来自爸爸妈妈的支持与爱。

仪式感是每个人都需要的感觉。它不仅能让生活充满期待和乐趣，也让我们更加愿意去坚持做一件事。因为很多时候，不是孩子对某些事不够坚持，而是父母对这些事不够重视。

04

巧借节日，让孩子了解仪式感

六一儿童节快到了，跟以往一样，我问豆豆和小福："今年的六一儿童节，你们想要什么礼物？"两个男孩相互对视了一眼，异口同声地说："没有什么想要的。"

我惊诧得下巴都要掉下来了。在我小时候，每个儿童节都是向父母索要礼物的大好机会，仅次于生日。现在的孩子难道已经彻底没有了物质的欲望吗？

我舍不得他们错过这个机会，好心地强调："只要是合理的要求，妈妈都会答应的！"8岁的豆豆和4岁的小福淡定地回答："妈妈，我们需要的时候再跟你说吧，不一定非在儿童节要礼物。"他们说得胸有成竹，好像只要自己开口，我就一定会答应似的。

仔细想了想，我确实是这样的。只要他们提出的要求合理，我基本上都会答应。有时候不等他们开口索要，我常常会以爱之名给他们买各种礼物，给他们带来惊喜。我喜欢看他们收到礼物时欣喜的样子，喜欢看他们陶醉其中的样子。每当这个时候，我就会由衷地感到开心。这是我从小追求的感觉，因为在我小时候，总是要历经千辛万苦才能求得父母给我买一个礼物。似乎我失去的童年在他们身上得到了弥补。

同时，我也认为，应该让孩子的每一天都过得像儿童节一样，我想他们所想，给他们所需。所以，我们家经常有说走就走的旅行、说买就买的玩具。然而，看到孩子们对儿童节的态度，我心里还是有些失落，不知道该怎么办才好。难道让孩子每天都快乐错了吗?

过了两天，我参加了一个读书会，读的是我和孩子都读过很多遍的《小王子》。那天，有一段我以前从未注意的话，深深地触动了我的心：

小王子驯养了一只等爱的狐狸，他在驯养狐狸后的第二天，又去看望它。“你每天最好在相同的时间来，”狐狸说，“比如说，你下午4点钟来，那么从3点钟起，我就开始感到幸福。时间越临近，我就越感到幸福。到了4点钟的时候，我就会坐立不安，我就会发现幸福的代价。但是，如果你随便什么时候来，我就不知道在什么时候该准备好我的心情……应当有一定的仪式。”

“仪式是什么？”小王子问道。

“这也是经常被遗忘的事情，”狐狸说，“它可以使某一天与其他日子不同，使某一时刻与其他时刻不同。”

这段话让我恍然大悟：为什么我们小时候在物资匮乏的年代也能活得那么开心？因为每月一次爸爸出差带回来的糖果，因为每年春节才有的新衣裳，因为每个六一儿童节才会有的礼物，因为每个生日才有的独特地位……这些让我们觉得一切都弥足珍贵。而那些无须争取、等待，唾手可得的礼物、聚会和旅行，对于如今的孩子来说，实在太普遍了。所以，无论过年还是过节，他们都已经没有了期待。

想到这里，我突然明白六一儿童节应该送给孩子们什么礼物了。我要送的并不是礼物，而是这个节日本身。我决定，从现在起要向小王子和小狐狸学习。我们不需要把每一天都变成节日，但是要把某些节日和纪念日过得跟其他日子不同；把某些特定的时刻过得跟其他时刻不同，让孩子们重新体会等待与期待的快乐。

一个阳光明媚的午后，我把豆豆和小福拉到身边，对他们说："有什么事情，会让你们的心情变得特别好？我们一起来想一想吧！"他们不假思索地回答："收到玩具、看电影、吃冰激凌、出去旅游、野餐……"

"那你们知道有什么办法可以让这些事情变得更好玩吗？""什么办法？"兄弟俩疑惑地看着我，"不是已经够好玩了吗？"

我拿出《小王子》，说："就是像小王子和小狐狸一样，让它们充满仪式感。"我趁机把触动自己的那段话读给他们听。豆豆和小福听了之后，也觉得很有意思。兄弟俩七嘴八舌地把他们喜欢的事情，赋予了他们所认为的仪式：最爱吃的冰激凌不能经常吃，只有周五是"冰激凌日"，用来庆祝一个星期上学结束，也庆祝周末的到来；以往野餐是周末活动，虽然大家都很喜欢，但是经常被其他事情耽误，以后每个月天气好的第一个星期日，都要安排一次野餐；全家人的旅游要定在暑假，这样家里每个人都有时间参加……

商量好以后，我问："那今年的六一儿童节呢？"豆豆煞有介事地看了一下日历，回答说："'六一'是星期三，没有特别的安排，说不定学校还不放假。妈妈，你抱一抱我们，跟我们说声'节日快乐'就行了。"一旁的小福，也跟着点点头，认真地说："和妈妈抱一抱就很幸福！"

他们的表情和语气那么自然，完全没有一点儿勉强或委屈。那一刻，我才明白，真正的快乐不是要多得溢出来，而是一直流淌在我们的心里。

特殊时光

很多人的生活大多数时候是平淡无奇的，仪式感被人们抛诸脑后，生活过得像一潭死水，人们却不停抱怨生活太无趣。仪式感对于生活的意义在于，能够让我们用庄重、认真的态度去对待生活中看似无趣的事情，不管结果如何，只要我们一本正经地把事情做好，就会发现生活的乐趣。比如，在去见朋友前，把自己好好打扮一下，比随便穿一件衣服出去，感觉要好很多。

对于孩子而言，也是如此。**当父母把一件事情赋予仪式感，孩子就会觉得这件事受到了重视，从而会认真对待这件事，并在其中发现自己的价值。**很多孩子在学习某样东西时，新鲜感一过，就很容易失去兴趣。在本文的案例中，当父母郑重其事地为孩子办一个画展、一场演奏会，为很小的事情赋予一个隆重的仪式，对孩子来说，这件事情就变得有意义起来。

仪式感是对待生活的一种态度，也是让孩子感觉到价值感和归属感很有效的方式。而安排特殊时光，就是一件特别充满仪式感的事情。我们的生活需要“说走就走的旅行”“说赴就赴的饭局”“说看就看的电影”来点缀，也需要安排好固定时间，好让我们对生活充满期待。比如，每个周六下午是全家人的英文动画片时间；每个月的第一个周日，全家人去爬山；每月的15号晚上，夫妻俩出去过二人世界……

定期按计划陪孩子享受特殊时光，是父母能为孩子做的最鼓舞人心的事情之一。通过这样的特殊时光，孩子会感觉到归属感与价值感，感觉到自己对父母很重要；事先计划的特殊时光，对每个家庭成员都是一个提醒，能够让大家更容易去坚持。比如，我们家常常在年初的时候约好：每个月全家去爬一次山，但可能最终一年下来根本没爬几次。当我们把每个月爬山的时间固定下来之后，结果就不一样了。

特殊时光还可以帮助父母解决孩子带来的挑战。比如，孩子爱吃糖，父母可以约定一个吃糖的“甜蜜时光”，其他时间当孩子要吃糖时，可以对他说：“现在不行，我们一起期待周五下午的‘甜蜜时光’吧。”

05

两娃大战，不做判官做糊涂官

家有两个孩子，父母最幸福的事莫过于看着两个毛茸茸的小脑袋凑在一起愉快地玩耍。然而，美好的思绪还没飘出去多远，就会传来兄弟俩厮杀的声响。接着，弟弟小福哭哭啼啼地跑来告状，哥哥豆豆气急败坏地争辩……

一次，豆豆新买了一套乐高玩具，自己玩得如痴如醉。一旁的小福看着眼热，非要和哥哥一起玩。因为总是帮倒忙，小福遭到了豆豆无情的驱逐。小福先是无聊地转了一圈，突然一脚把豆豆辛辛苦苦搭了半天的积木踢倒了。豆豆急得大叫起来，小福赶紧发挥“影帝”的潜质，随即大哭起来。

兄弟俩很快跑到我面前，豆豆指着“犯罪现场”向我控诉：“妈妈，小福踢坏了我搭的积木！”小福毫不相让：“谁让你不给我玩！”“你又不会玩，就会捣乱！”“那你可以教我啊！”兄弟俩说着说着，就动起手来。

既然两个人都有错，那就各打五十大板！我对豆豆说："你是哥哥，要带着弟弟玩，让着弟弟！像你这样总是赶弟弟走，他当然会生气了！"然后，我又转身对小福说："如果你要玩哥哥的玩具，必须经过他的同意。妈妈跟你说过多少次了，你怎么总是记不住呢！"

我明明不偏不倚，可是兄弟俩都觉得很不公平。豆豆生气地说："这不公平！为什么总要我让着弟弟？"小福也很委屈："不公平！为什么哥哥可以玩，我就不能玩？"然后，8岁半的豆豆在已经被踢倒的积木上再加一脚，气呼呼地走进了自己的房间；5岁的小福继续在我身边哼哼唧唧，幻想得到更多的补偿。唉，我这个"法官"很不给力啊！

这次风波让我意识到，"各打五十大板"的方式非但没有帮助孩子们解决问题，反而加深了他们的矛盾。或许，我应该更温柔一点儿？

没过多久，兄弟俩又闹翻了。起因是我从豆豆的旧玩具堆里找到一个小军鼓给小福玩。小福喜欢得不得了，整个上午都拿着小鼓在那儿敲敲打打。可能这个场景唤起了豆豆儿时美好的记忆，趁小福不注意，豆豆把小军鼓拿到自己的房间里，忘乎所以地玩了起来。小福看到心爱的玩具被抢走，哥哥又死活不开门，在门口急得嗷嗷直叫："那是我的小鼓！还我的小鼓！"

我深深地叹一口气："唉，这'熊孩子'，都快9岁了，怎么还那么不懂事呢！"然后又深吸一口气，告诉自己要冷静、冷静。我走到豆豆的门前，尽我所能温柔地说："豆豆，把鼓拿出来跟弟弟一起玩，好不好？""这鼓是我的！"豆豆毫不犹豫地回答。"你以前不是不爱玩了吗？""可是我现在又喜欢玩了！"我不知道说什么好，而旁边的小福听完我们的对话，已经哭倒在地上了……

这俩"熊孩子"！为什么一个那么冷血，一个又那么爱哭？我走进卧室，躺在床上，心情无比沮丧。这时，老爸给我发来微信，是他新写的一幅字："难得糊涂。""难得糊涂？"我灵光一现：做妈妈是不是也要如此呢？

一直以来，我都是一个做事力求清楚明白的妈妈，对待两个孩子的矛盾尤其如此，先问清楚原因，再给出具体的解决方案。难道我这样做错了吗？我是不是也应该学着做一个"糊涂妈妈"？

我回到小福身边，说："小福，你现在一定觉得很生气，也很失望，因为你很喜欢那个小军鼓，可是它被哥哥拿走了。"小福使劲地点头。我又拉着小福走到豆豆门前，说："豆豆，你觉得这个鼓本来就是属于你的，所以你有权利自己做主。"豆豆在屋里大声地回答："就是！"

我接着说："妈妈碰到这个问题，也不知道该怎么处理了，你们可以帮我想个办法吗？怎么做才能让你们两个都能开心地玩这个鼓？"屋子里一片安静，过了一会儿，豆豆打开房门，对小福说："小福，你到我房间来玩吧！"小福犹豫了一下，走了进去。

豆豆的解决方法是：小福可以玩我的鼓，但必须到我的房间里来玩。因为鼓是我的，必须放在我的房间里。而小福觉得，在哪儿玩不是玩呢？只要让我玩就行了！于是，问题就这样轻轻松松地解决了！我站在门口，看着兄弟俩一起愉快地打鼓，说说笑笑，觉得这是世上最美好的画面，当妈妈是这个世上最值得的事情。

我知道，这种和平只是短暂的，两个"熊孩子"之间肯定还会有各种各样的矛盾，但我心里不慌了。因为我知道，当两个孩子"大战"时，我当"法官"只会让"战争"愈演愈烈；而做一个糊涂妈妈，反而一身轻松，还能让孩子学会自己解决问题。

同等对待

如果父母不能容忍孩子之间的争执，并决定参与其中，最有效的方法就是同等对待，不偏袒任何一方，也不试图决定到底是谁的过错。**要知道，家长的判断很可能不对，因为他们没有也无法看到事情的全部。家长所认为的正确，从孩子的角度来看却未必是公平的。**

因此，家长不能高高在上地以“法官”和“审判长”的身份去处理问题。在本文的案例中，虽然我知道大部分情况下弟弟有些过于“霸道”，哥哥只是维护他的正当权利，他不一定要让着弟弟。但是我不敢保证这一次还是如此，所以我不做任何判断，而是把他们放在同等位置上，并通过启发式的提问，让他们自己想办法解决纠纷。

不管你的家里有一个孩子，还是有两个以上的孩子，当父母能够从孩子的角度去思考问题，多想一想：如果我是孩子，什么样的解决方式是我喜欢的？什么样的解决方式会让我觉得受到伤害？这样，父母就会做到冷静、平和、公正，从而大事化小、小事化了，轻而易举地解决问题。

06

父母本身就是孩子最好的礼物

我一直以为，孩子最想要的礼物，是一顿用心的晚餐、一个为他精心准备的派对、一个有爸爸妈妈一起帮忙实现的梦想……我总是希望把最好的礼物送给孩子，为此不惜时间和精力。

为了庆祝豆豆的5岁生日，我提前一个月开始准备——发放邀请卡，寻找场地，确定流程，邀请表演者……光是订购一次性主题餐具，就因为各种原因订了4次才成功，其中的琐碎和麻烦可想而知。这个隆重的生日派对让豆豆很开心。

我觉得这一个月的辛苦忙碌非常值得，于是，我兴冲冲地对豆豆许诺："等你6岁生日时，妈妈给你办一个更好玩的派对！"没想到豆豆却说："妈妈，如果你不总是打电话，听不进我说的话；不总是在网上买东西，拒绝陪我玩；不总是出去看场地，取消跟我的约会……那，再办一个也行。"

我这么用心，豆豆居然不领情！我解释说："妈妈是为了给你办一个最好的生日party，送给你一份最好的礼物啊！”豆豆回答说：“但是妈妈，你自己就是最好的礼物！”这句话让我惊呆了。我以前常常对豆豆说：“你是上天送给妈妈最好的礼物！”但是从来没有想到，对于豆豆来说，我自己就是他最好的礼物！

豆豆的话让我想起不久前在微信上看到的一个视频。在视频里，实验人员请10个家庭的孩子给圣诞老人写一封信。孩子们不假思索地写出了他们想要的各种礼物：玩具、新游戏、吉他、独角兽等。然后，实验人员问孩子：“如果要写一封信给父母，你们想要什么样的礼物呢？”孩子们想要的“礼物”如出一辙：多花时间陪我、多注意我一些、经常一起吃饭、逗逗我、给我讲故事、和我待一整天、陪我一起玩娃娃……实验人员问孩子：“如果只能送出一封信，你会送出哪一封呢？”所有的孩子都选择了把信送给爸爸妈妈，而不是圣诞老人。

家长们看到这些信后，眼睛湿润了，他们说：“当我不忙的时候，会花所有时间去陪伴孩子，总想给他们最好的。可是没想到，对于他们来说，我自己就是最好的礼物。”

很多时候，家长所谓的“用心陪伴”，一不小心就成了没有意义的操劳。我们去做一顿爱心晚餐，去办一个精心的party，或把家收拾得整洁而温馨，我们享受在其中。可是，孩子更希望的，却是爸爸妈妈能够把时间和关注的目光更多地放在他们身上。

豆豆过6岁生日时，我没再花那么多时间与精力去办party，而是邀请豆豆的几个朋友和他们的父母，一起去了离家不远的小草原。那个小草原是豆豆一直想去玩的地方。邀请朋友和计划行程只花了我一天的时间，因此我的心情很轻松。

白天，我带他们一起骑马、玩游戏。晚上，我们举办篝火晚会，给豆豆庆祝生日，围着篝火给他唱生日快乐歌，豆豆高兴得合不拢嘴。而我自己在草原上策马飞扬，也玩得非常开心。生日过去很久后，豆豆还一直回味那次过生日的经历，他对我说：“这是我最难忘的生日！妈妈，下次我们再办一个这样的生日party吧！”

以前，为了能够“用心陪伴”豆豆，周末两天我都会带他外出，有时还去周边的城市玩。但其实这样做我很累，平常上班就很辛苦，周末我只想在家多躺一会儿。现在，我们减少了外出时间，每周六下午安排一段英文动画片时光。母子俩坐在沙发上，天气冷的时候，还同盖一条小毯子。我们会准备一些吃的，一边看动画片，一边吃。高兴的时候一起笑，害怕的时候抱在一起打哆嗦。这些动画片，一部分有我的青春记忆，一部分是我平常没空看的。和豆豆一起看，别有一番滋味。

每天晚饭后，我陪着豆豆一起去学校的操场上比赛踢足球、跑步，豆豆觉得特别享受。尤其是可以看到星星和月亮的夜晚，豆豆喜欢和我一起坐在看台上聊天。之后，因为加大了运动量，豆豆的睡眠好了很多，我也成功减肥了。

这时，我明白了用心陪伴的真正意义：不追求把事情做得完美，不做让自己心力交瘁的事，不把时间浪费在没有意义的操劳上，而是用一种最舒适的状态，跟孩子待在一起。因为对于孩子来说，父母自己就是最好的礼物。

正面管教工具

确保把爱的信息传递给孩子

我们曾多次提到，归属感和价值感是孩子的首要目标，建立归属感和价值感最好的方式，是确保把爱的信息传递给孩子。传递爱的信息有以下6种方法：

◆ **经常花时间蹲下来和孩子的眼睛处在一个水平线上。**父母和孩子的身高有很大的差距，如果父母站着说话，孩子会有一种距离感和害怕情绪。

◆ **先听，后说。**父母要先听孩子说完，再表达自己的观点，这样才能倾听到孩子真正的心声。

◆ **认同孩子的感受，不要急于帮忙和救援。**去接纳孩子，让孩子心里产生安全感，然后再开始解决问题。

◆ **当孩子体验他们选择的后果时，家长要给予他们适当的支持，而不是雪上加霜。**孩子犯错，家长最习惯说的一句话是："早就告诉过你吧！我跟你说过多少次了！"这样的责难与羞辱，会影响孩子去体验自然后果。

◆ **允许你跟孩子之间有一段冷静期，然后再专注于解决方案。**

◆ **经常使用拥抱、亲吻、拉手、搂肩等方式跟孩子进行身体的接触，体验你和孩子之间心连心的感觉。**

07

最好的陪伴，是彼此信赖又有空间

一直以来，跟孩子在一起的时候，我都很用心地创造出很多新鲜好玩的游戏，像孩子一样跟他们打成一片；我平时对待他们的态度温和而坚定，让他们在自由自在玩耍的同时，又能学会规则。两个孩子每天都表现得开心、自信、独立，这更坚定了我继续给予他们这种高质量陪伴的信念。

一天，我工作完回到家，按照惯例，我都会跟孩子们先玩一会儿，要么打牌，要么玩自创的游戏，每次都玩得意犹未尽。可是那天，他们正在研究一个新买的迷宫，都不搭理我。我一下子觉得百无聊赖，只好捧着一本书，在他们身边坐下来。时光慢慢地流逝，这种安静的陪伴，让我的心也跟着慢慢地安静下来，我感觉到一种久违的舒适和愉悦，孩子们似乎也是如此。

我想起当他们还小，尚不能走路的时候，我在他们看得见的地方做事情，他们坐在房间的一角玩积木，常常可以玩上几个小时。一旦他们看不见我，马上就会起身哭着来找我。原来他们表面上没有注意到妈妈在做什么，事实上却用心在感知着妈妈的陪伴。

我也想起自己小时候的经历。我们的父母不像现在的父母这样匆忙，但也不像现在的父母会特意陪孩子玩，他们几乎是心无旁骛地忙着手里的工作，而我就独自在父母旁边玩耍。这种互相陪伴又给彼此留有空间的状态，即便多年以后想起来，也觉得非常温馨和享受。

原来，这也是一种高质量的陪伴，甚至可以说是一种更高境界的陪伴。我们常常说，父母与孩子的关系，应该既有心与心的连接，但又互相独立。孩子需要父母带着一起玩的时光，也需要父母只是静静地陪在孩子身边，各自做各自的事情。这种无意识的感知，会渗透进孩子的灵魂，变成安全、平和、专注等优秀的品质。

后来，我开始有意识地创造这种安静的陪伴时光。我是自由职业者，很多时候都在家工作。以前我会提前告知孩子们：妈妈这两个小时在工作，两个小时后会出来陪你们玩。但他们还是会不断地跑进来，有时仅仅是进来看我一眼，又继续跑出去接着玩。后来，我干脆把电脑搬进他们的房间，或者让他们来我的书房玩。6岁的豆豆靠坐在书柜旁看书，3岁的小福在玩他的积木。3个人就这样安静地彼此陪伴，又在做着各自喜欢的事情。因为知道妈妈在身边，他们几乎不会打断我，甚至他们独自玩耍的时间比以往更长。

生活是动静结合的艺术，孩子需要和父母一起笑、一起闹，也需要父母带他们一起感受生命的自然与安静，以及专注做一件事情的快乐。其实，孩子专注力的培养，就是从不打断开始的。当孩子在专注做一件事情的时候，父母不去打断，而是用自己的默默陪伴，给予孩子一种温暖、安全、平和的氛围，会让孩子更专注地去做事。

我非常喜欢一幅画面：我在厨房做饭，经过客厅的时候，看一眼孩子们，他们坐在地上玩，先生在沙发上看书。我想，这样的画面也会成为孩子心中最美的画面——妈妈在厨房做饭，爸爸在身边看书。多年以后想起，也会觉得那么舒服，那么快乐。

正面管教工具

约　定

家长都会和孩子约定某些事情。比如：放学后，稍作休息就写作业；一个月内只买一个玩具；每天看电视的时间不超过半小时……但是，为什么孩子常常不遵守约定呢？虽然父母经常会问："这是你必须做的事情，现在要开始做吗？"但这种命令式的提问并没有真正给孩子留出合作的空间。孩子一般都会点头同意，但他内心真正的想法是"好吧，我只是不想让你再烦我，但我并不真正同意你刚刚所说的"。

如果大人能以尊重的态度让孩子参与约定的制订，孩子通常很容易遵守这些约定。与孩子一起制订约定，包括以下7个步骤：

◆ 在心平气和的时候，父母和孩子坐下来，互相尊重地讨论需要达成约定的问题。重要的是，要等大家都冷静下来才能进行理智的讨论。

◆ 在讨论过程中，要确保每个人都有机会分享其关于问题的想法和感觉，而且不能打断别人的分享。

◆ 所有人分享完想法后，进行头脑风暴。不管头脑风暴的想法有多荒诞或疯狂，都要如实写下来，这样才能让头脑风暴变得有意思。不要对头脑风暴的想法加以评判。

◆ 写完之后，可以一起讨论，去掉一些不可行、不尊重人或者不能真正解决问题的方法。

◆ 在最后剩下来的几条解决办法中，选择一条大家都认可的办法。

◆ 如果可以，为约定规定一个确切的、双方都能接受的时间。

◆ 如果孩子没有遵守约定，可以尊重地问他："我们的约定是什么呢？"

有时我们会发现，即使父母已经尊重地让孩子参与制订约定，孩子还是不愿遵守，因为孩子就是孩子，即使他们真的想遵守约定，也不能像大人一样把遵守约定看得很重要，所以经常会忘记遵守。但是达成约定这个过程，却比结果更为重要。

08

别让你的工作日情绪毁了孩子

我们常说，年幼的孩子总是上一秒是天使，下一秒是魔鬼。但你可知道，在孩子的心中，你也是个“双面妈妈”？

家有两个孩子，每天早晨起床时，最幸福的事情莫过于到孩子们的房间瞄两眼。兄弟俩天使般的面庞，呆萌可爱的睡姿，在梦中也不忘亲密拥抱的样子，总是瞬间让我变得能量满满。但这些能量只够我用到7点半。当我一次又一次地叫他们起床遭到失败，当他们拖拖拉拉不愿意去刷牙、洗脸，当他们为了一点点小事而大打出手时，我的耐心终于在这无止境的挑战中消耗殆尽。

我开始像一挺机关枪，“嗒嗒嗒”地发出命令：“快点起床！快点吃饭！不要再吵了！”而过不了多久，我就变成一个偃旗息鼓的闹钟，有一搭没一搭地暴跳起来：“就剩10分钟了！赶紧行动！”最后，我只能像个电量告急的收音机，发出嘈杂又绝望的声音：“早起5分钟，现在就不用这么赶了啊，再不出来，我自己去上学了！”我一边往门外走，一边等着孩子们嘟嘟囔囔、身上挂着穿了一半的衣服走出来。

送完孩子回到家，再次坐在书桌旁时，我的心情跟一个小时前有着天壤之别，常常需要花上半天工夫才能进入工作状态。但刚进入状态没多久，孩子们又放学回家了，开始上演“上小学的哥哥不愿意写作业，上幼儿园的弟弟抱怨和小朋友之间的摩擦”的黑暗时光。

于是，我只能重复早晨的模式，催他们写作业、收玩具、吃饭，听他们抱怨，调解他们之间的矛盾。我一边唠叨不断、暴跳如雷，一边暗想：难道孩子真的只有在睡觉的时候才是天使吗？

好不容易熬到周末，我破天荒地赖个床。不用抓紧时间上学的日子，孩子们爬到我们床上，我一手搂一个，继续半睡半醒地躺着，听他们你一句我一句地聊天。弟弟说：“要是每天都是周末就好了！”哥哥说：“对啊，躺在妈妈的怀里真幸福！”弟弟说：“周末的妈妈对我们最温柔。”哥哥说：“周末的妈妈像天使！”弟弟补一句：“平常的妈妈像魔鬼！”然后，兄弟俩一起哈哈大笑起来。听着他们的聊天，我一个激灵醒了过来，心里久久不能平静。原来在兄弟俩的心中，我这个妈妈也是一半天使一半魔鬼啊！

因为在周末我通常不安排紧急工作，孩子们也不需要上学。所以，对于他们像往常一样的磨蹭、吵闹，我可以耐心地、以身作则地教育他们。反观孩子们，也一整天都开开心心，几乎没有抱怨和烦躁。这么看来，那些本该美好的上学日早晨，竟是毁于我手。我曾经恨不得给孩子整个世界，却为何失去耐心，毁掉孩子们上学日的每一个清晨呢？我突然知道该怎么做了。

一天早晨，因为天气寒冷，我起床工作一小时后，冻得难以忍受，又回被窝睡了个回笼觉，因为睡得太沉，乃至小福撕心裂肺地喊了我很多声我都没有听到。于是，他跑到我床上，对着熟睡的我就是一阵“拳头雨”，他一边打一边说：“为什么不回答我？你是故意的！”被人从深睡中唤醒，本来就是一件让人非常恼火的事，何况小福是用拳头将我打醒，我生气极了，恨不得立刻打回去。这时，我耳边突然响起小福那句“平常的妈妈像魔鬼”，我克制住了自己。

我抱着小福，跟他说：“我知道，刚睡醒的孩子最需要妈妈了！你叫那么多声，妈妈都没回答你，你一定很生气，你一定希望妈妈像天使一样，你一想妈妈，她就可以出现在你身边，对吗？”我没有讲道理，也没有解释，只是试着说出他内心的感受。这时，小福突然停下他的拳头，也紧紧地抱住了我。那一刻，我突然有一种春风拂面的感觉——这个差点儿被毁掉的清晨，被我拯救了！

但我还是高兴得太早了。我和小福在聊天过程中聊到幼儿园跳绳比赛的事，小福突然大发雷霆。他说：“我都跟你说过好多次了，叫你给我买跳绳，可你就是不给我买！害得我回家都没法练跳绳，在幼儿园就是跳不好！”他一边说着，拳头像雨点一样落在我身上。先生在一旁大声威胁：“小福，不准打妈妈，再打就不能跟妈妈睡了！”我感觉硝烟弥漫开来，气氛越来越紧张，赶紧跟先生说：“小福是因为没有得到好名次而感到有些失望，他希望回家后有一根合适的跳绳，可以在家里练习，妈妈待会儿就去买！”说完这句话，我突然觉得自己对孩子的“无理取闹”有了更多的理解与包容。其实，孩子哪里是故意要跟我们作对，他只是在发泄内心的情绪而已。

然而，两个孩子的家庭，挑战一个接着一个。吃早餐的时候，兄弟两个“一言不合”又打起来了。小福下了椅子，趴在沙发上，说：“我不去上幼儿园了！”而豆豆呢，在一旁幸灾乐祸地做鬼脸。我提醒自己：好不容易胜利在望了，一定不能前功尽弃。我让先生送豆豆上学，我坐在小福身边，一边拍着他的背安抚他，一边说：“豆豆太烦了，你气得都不想上幼儿园了！如果是我的话，我也不想去了！你先在这里趴一会儿，冷静一下，需要妈妈的时候就来找我。”过了一会儿，他走进来，说：“妈妈，你怎么还在换衣服，再不走就迟到了！”

从那天起，我开始收起工作日的烦躁，对孩子们每一个看似无理取闹的举动都报以耐心和理解。一天，我看到小福因为不会玩，卸掉了豆豆变形金刚模型的腿，我立刻感到头皮发麻，觉得一场暴风雨即将降临。结果，豆豆发现这件事时，虽然气得涨红了脸，却没有立即发飙，反而平静了一会儿，然后拉着弟弟的手给他讲解：“这个应该这样玩。”不知道从什么时候开始，哥哥开始对弟弟的许多幼稚疯狂的小举动报以耐心，弟弟也不会再用挥拳头的方式解决问题了。看来，父母的耐心会耳濡目染地影响到孩子。

有一天，我跟小福拉着手，有说有笑地走在去幼儿园的路上，想起这段时间以来平静、有序的早晨，我心里忍不住感到欣喜。其实我什么都没做，只是控制住自己在工作日的焦躁和脾气，每天都像周末一样平和、细致、有耐心。就这样，“双面妈妈”消失了，我每天都是“周末天使”，用耐心和爱化解一个个清晨的矛盾，也把平静与喜悦带给整个家庭。我相信，这样的平静与喜悦能够让孩子们开心快乐地开始一天的新生活，能够让他们学会做平和、从容的小孩！

正面管教工具

控制你自己的行为

“控制你自己的行为”是一件做起来很难的事情，估计每个人都曾经因为没法控制自己而对孩子或爱人发过脾气。

有一次，因为多次制止兄弟俩在车里打斗而无效，我做出了一个很突然的举动——抢过兄弟俩争抢的气球，打开车窗把它丢了出去，小福开始大哭起来。回家后，他还不停地要求回到原地把气球捡回来。这时，我突然明白，我丢掉的不是我所认为的可以再买一个的气球，而是小福很心爱的一个宝贝。直到一个月后，小福还记得那个气球，还为那个被我丢掉的气球而感到伤心。我明白，我的一次行为失控，给小福带来了很大的伤害。

这件事带给我不好的感觉，时刻提醒着我：以后一定要控制好自己的行为。虽然错误可以修复，但如果能找到避免失控的方式，岂不是更好。在前面，我们讲过一些控制自己行为的方法，如：

◆ **积极暂停角。**当父母与孩子之间产生冲突时，双方是无法理性地解决问题的，只会伤害彼此的感情，拉大父母和孩子之间的距离。因此，这时候你要告诉孩子：我需要离开现场并冷静下来，做一个暂停。无论你以什么样的方式暂定，最重要的是在解决问题前花时间让自己冷静下来。

◆ **深呼吸或倒数。**如果你不能离开现场，那就做一个深呼吸或倒数10下（适用于比较低龄的孩子，因为他常常不允许你离开）。你也可以告诉孩子：我现在非常生气，在我们谈话前我需要冷静一下。

◆ **照顾好自己，再去照顾孩子或家庭。**很多时候，我们之所以控制不了自己的行为，是因为生活中有太多的压力，一点点的意外就容易让我们的情绪爆发。如果承载我们情绪的“杯子”有足够的空间，当压力、烦恼产生时，我们就有精力去处理，也能冷静地去思考，从而管理好自己的情绪。